こんなところに落とし穴！

税理士業務の ヒヤリハット

第3集

編　ABC税務研究会

ぎょうせい

はしがき

　本書は，月刊「税理」（ぎょうせい）に令和2年1月号から令和4年9月号まで連載した「こんなところに落とし穴！　税理士業務のヒヤリハット」を基に，令和4年4月1日現在の税制等を踏まえて加筆等し，1冊にまとめたものです。日々の税理士業務の中で遭遇する，ヒヤリとしたりハッとしたりするような税務ミス寸前の事例を集め，その経緯や対応策を平易に解説しました。平成28年の第1集，令和元年の第2集につづき，今回，第3集として発刊させていただくことになりました。

　本書の執筆者は，ABC税務研究会に所属し，日々税実務に接している税理士や公認会計士といった職業会計人です。職業会計人として実際の現場で経験したヒヤリハット事例を読みやすく，分かりやすく読者の皆様にお届けしたい。この一心から，会話形式やイラストを用いるなどの工夫を重ね，臨場感をもってお読みいただけるよう腐心しました。そして，日々の業務の中の失敗や間違いを減らせるような「気づき」を「ヒヤリ防止の処方箋！」として紹介しております。ぜひ税実務の危機管理のチェックリストとしてご活用くだされば幸いです。

　今回，このように第3集を発行させていただけたのも，第1集，第2集をご愛顧いただいた読者の皆様のお陰と思っております。読者の皆様にこの場をお借りして改めて感謝を申し上げます。第3集も，最新の事例を中心に，遭遇しがちなヒヤリハット事例を豊富に集めております。ぜひご参考とされ，ミスや問題解決に少しでもお役に立てればこれに勝る喜びはありません。

最後になりましたが，本書の発刊にご尽力くださいました㈱ぎょうせいの月刊「税理」編集局の皆様に，ABC 税務研究会筆者一同より感謝申し上げます。

　令和 4 年10月

ABC 税務研究会代表　空本　光弘

本書の見方と活用法

　本書では，税理士業務におけるヒヤリハットを具体的に描き出すため，各項目において次のような構成を採用しています。

　まず，①執筆陣であるABC税務研究会のメンバーが思わず"ヒヤリ"とした体験のテーマを提示し，次に②実体験を元にした顧客や税理士仲間などの会話の中からヒヤリハットが発見された経緯を提示します。そして③浮かび上がった課題への有効な解決策や予防策について，法令の定めや各種要件の検討，さらに心構えを解説し，④総括として，「ヒヤリ防止の処方箋！」を提示するというものです。

　税理士実務で出会うヒヤリハットは実に多種多様です。本書を通じて皆様の役に立つヒヤリハットへの対応策が見つかれば幸いです。各項目の最後にある「ヒヤリ防止の処方箋！」をざっと読み込むだけでも実務でのヒヤリハット予防のエッセンスが掴めるはずです。

　なお，本文中の表記については，以下の凡例のとおりとしました。

凡　例

　法令等の略記については，原則的に以下のようにしております。

$$国税通則法　→　通則法$$

　　　　所得税法　　→　所法

　　　　法人税法　　→　法法

　　　　相続税法　　→　相法

　　　　消費税法　　→　消法

　（例）　国税通則法第1条1項第1号⇒通則法1①一

目　次

執筆者一覧

File
1

その消費税の届出，期日は大丈夫？

▰はじめに

　申告や届出書の期限が土日や休日に重なった場合には，その翌日の平日まで提出期限が延長されます。

　たとえば，2019年から2020年にかけての年末年始については，12月末期限である申告や届出書は，年明けの2020年1月6日（月）が提出期限となります。

　ただし，この提出期限の延長の規定は，すべての提出書類に当てはまるわけではありません。特に消費税関係の届出については注意が必要です。

◼ 消費税関係書類の届出は要注意！

　会計事務所内の会話です。

　新人所員のAさん，先輩から指導を受けているようですね。

新人A　年末が近づいてきて，事務所もますます忙しくなってきましたね！

　えーと，うちの事務所のマニュアルをみると個人事業者や12月決算の法人は来年の資産の購入状況などをお客様に確認し，簡易課税と課税事業者の適用・不適用を検討して年末までに届出を提出する，と……難しそうだな。

　あれ？　でも，確か年末年始は税務署も休日になるから，提出は年明けの最初の平日まで期限が延長されるんですよね。

　念のため，年内いっぱいは事務所内でしっかりチェックして，

年明けの初日に電子で提出すればいいですかね〜，B先輩！

B先輩 A君，まだまだだな。消費税の届出書は延長はされず，年内に提出しなきゃいけないんだ。

新人A そうなんですか！ 危ないところだった！ でも，通常の申告や届出書の期限は土日や祝日にかかると翌日に延ばされますよね？ どうして消費税の届出だけ違うんですか？

B先輩 （なぜなんだろう……？）

とにかく，昔からそう決まっているんだ。

あまり深く考えることはない。

（そこに通りかかったC先輩）

C先輩 ちょっとB君，なに適当なことを教えているのよ！ ちゃんと理由があるのよ。

あれあれ？ B先輩が叱られてしまいましたね。でもなぜ，消費税の届出書は土日祝日でも延長されないのでしょう？

みなさん，その理由をしっかり把握されていますか？

② 土日祝日ルール

申告や納税等の期限が土日や祝日にあたる場合にその翌日の平日に延長される取扱いは，国税通則法において規定されています。

＜国税通則法 10条2項＞

国税に関する法律に定める申告，申請，請求，届出その他書類の提出，通知，納付又は徴収に関する期限（時をもって定める期限その他の政令で定める期限を除く。）が日曜日，国民の祝日に関する法律（昭和23年法律第178号）に規定する休日その他一般の休日又は政令で定める日に当たるときは，これらの日の翌日をもってその期限とみなす。

※政令で定める日…土曜日，12月29・30・31日

※12月末日が期限の場合，12月29日〜1月3日までは休日扱いとなり，

翌年1月4日（1月4日が土日であれば翌月曜日）が期限となる

　ここで規定されているように，法人税や消費税，所得税などの申告書は提出期限が土日祝日の場合にはその翌日である平日が提出期限となります。また，それに応じて税金の納期限も延長されます。

　申請書・届出書についても同じように提出期限は延長されます。

　では，この特例が適用されないケースとはどのようなものになるのでしょうか？

③　期限が延びない書類とは

　提出期限が定められているわけではなく，その適用を受けることによって有利になる規定を自ら選択するような届出書については，この「土日祝日ルール」は適用されません。

　これらの規定は消費税において多くあるので「消費税の届出書は土日祝日でも期限が延びない」とよく言われるのです。

　具体的には次のような届出になります。

・消費税簡易課税制度選択届出書

・消費税簡易課税制度選択不適用届出書

・消費税課税事業者選択届出書

・消費税課税事業者選択不適用届出書

・消費税課税期間特例選択・変更届出書

・消費税課税期間特例選択不適用届出書

　これらは「届出書を提出した場合には，届出書を提出した日の属する課税期間の翌課税期間以後の課税期間については…」「その提出があった日の属する課税期間の末日の翌日以後は…」といった規定になっていることから，提出期限の特例について定めた国税通則法10条2項は適用されないのです。

上記の消費税の届出書の他，法人の青色申告承認申請書や租税条約に関する届出書も土日祝日ルールは適用されませんので注意が必要です。

＊

Ｃ先輩　…というわけです。

新人Ａ・Ｂ先輩　よくわかりました！

ヒヤリ防止の処方箋！

> 　消費税届出については，期日や適用関係が複雑となる。提出には十分な検討と時間的余裕を！

（森近　真澄）

居住用建物の建築中に相続が開始した場合の小規模宅地特例の適用

▨はじめに

　相続税の申告をする際に，小規模宅地特例を適用する場面が数多くあります。小規模宅地特例を適用することによって，税負担が大幅に減額されます。小規模宅地特例は毎年の度重なる税制改正により，その適用要件が複雑多岐にわたりました。また，措置法通達でその取扱いを示している適用関係も数多くあります。税額に多大なインパクトを与える小規模宅地特例は適用誤りのないように十分な注意が必要です。

　本稿では，措置法通達の解釈にあたっての思い込みからのとんだヒヤリハットを紹介します。

1 ある日の午後，ある税理士事務所で

担当職員　所長，故Ａ様の遺産分割協議書が出来上がりました。相続税の申告期限までに余裕をもって遺産分割協議が決まりほっとしました。近日中に遺産分割協議書の内容をご説明に故Ａ様と同居をされていたご長男のＢ様をお伺いする予定です。それにしても，故Ａ様のご自宅の敷地はかなりの広さですよね。1,000㎡近くありますか？

所長先生　そうですね。そのくらいの広さはあるかと思いますよ。

担当職員　故Ａ様は，ご自宅を建て替えている間に相続が開始してしまって。あ，所長，Ｂ様が，ご自宅を建て替えた場合の小規模宅地特例の適用について心配されていました。ご自宅への小規模宅地特例の適用によって税額が激変します。そこで，措置法通

　　達69の４−８（居住用建物の建築中等に相続が開始した場合）の
　小規模宅地特例の適用についてご説明する予定です。

（居住用建物の建築中等に相続が開始した場合）

69の４−８　被相続人等の居住の用に供されると認められる建物
　　（被相続人又は被相続人の親族の所有に係るものに限る。）の建築
　　中に，又は当該建物の取得後被相続人等が居住の用に供する前に
　　被相続人について相続が開始した場合には，当該建物の敷地の用
　　に供されていた宅地等が居住用宅地等に当たるかどうか及び居住
　　用宅地等の部分については，69の４−５《事業用建物等の建築中
　　等に相続が開始した場合》に準じて取り扱う。

所長先生　措置法通達69の４−８は，同通達69の４−５「事業用建
　　物等の建築中等に相続が開始した場合」の取扱いを準用していま
　　すね。ご説明をする前に，措置法通達69の４−８による小規模宅
　　地特例の適用が出来るのか検討をしましょう。建て替え工事の概
　　要を教えてください。

担当職員　はい，故Ａ様の建て替え工事ですが，故Ａ様，Ｂ様が以前に居住されていたご自宅家屋Ｘに居住をされたまま，庭の一部と車庫を取り壊した場所に新しく自宅家屋Ｙを建築されたそうです。新自宅家屋Ｙが完成されたのが１か月前，旧自宅家屋Ｘから新自宅家屋Ｙへの引越しも直ぐにされたそうです。

所長先生　ちょっと，待ってください。う～ん，旧自宅家屋Ｘは取り壊さないで居住を続けたまま，新自宅家屋Ｙを建築され，もう引越しをされたのですね。やはり，旧自宅家屋Ｘに居住を続けたままでは，新自宅家屋Ｙの敷地を被相続人等の居住用敷地として取り扱うことはできません。措置法通達69の４－８では，旧自宅家屋の取り壊しが前提となっています。旧自宅家屋Ｘを取り壊し，他に自宅がないからこそ，建築中の新自宅家屋Ｙの敷地が被相続人等の居住用敷地として取り扱われます。

担当職員　あっ！　本当だ。取り壊していないです。

でも，所長，では，旧自宅家屋Ｘの敷地を小規模宅地特例の適用対象とすれば問題ないですよね。

所長先生　（おいおい）居住用の小規模宅地特例には，相続税の申告期限までの居住要件がありますよ，居住用家屋に継続して居住していないと小規模宅地特例は適用できません。

担当職員　……（ヒヤリ！　どころじゃないよ。。。）

❷　適用の前提となる事実

　小規模宅地等の特例の適用にあたっては，適用をするにあたっての前提要件となる事実を確認しなければなりません。

　措置法通達69の４－８（同通達69の４－５を準用）の取扱いは，「被相続人の居住用建物（本事例での旧自宅Ｘ）等の移転又は建て替えのため，当該建物等（旧自宅Ｘ）を取り壊し，又は，譲渡し，これらの建物等に代わるべき建物等（新自宅Ｙ）の建築中に，又は当該建物等の取得後被相続人等が居住の用に供する前に被相続人に

ついて相続が開始した場合」が前提とされています。本案件（故A様）の事実と照らし合わせてみると，本案件では旧自宅Xを取り壊さないまま居住を続けたままで，新自宅Yの建築が行われています。新自宅Yが完成する前にA様の相続が開始していますので，措置法通達69の4－8が前提としている旧自宅Xを取り壊した事実が認められないので，同通達を適用することができないこととなります。

３　措置法通達69の4－8の趣旨

　居住用家屋の建て替え中に相続が開始すると，その建築中の家屋の敷地は（厳密には）被相続人等の居住していた宅地には該当しないこととなり，小規模宅地特例の適用が受けられなくなります。居住用宅地は，相続人等の生活基盤となる土地であり，必要不可欠なものです。また，相続が開始するタイミングは選ぶことは出来ません。そこで，措置法通達69の4－8では建築中の家屋の敷地についても，その家屋が被相続人又は被相続人の親族の所有であり，かつ，被相続人等が居住することが認められる場合で相続税の申告期限までに被相続人の親族等が居住の用に供した場合には，居住用宅地等として取り扱うこととしています。

　また，取り壊しを前提とするのは，被相続人等が居住している家屋が残っている以上，その家屋の敷地が居住用宅地に該当していることから，本通達の適用は当然ながらないこととなります（措置法通達69の4－8（注））。

●おわりに

　小規模宅地等特例は度重なる税制改正，措置法通達での規定により，その適用要件が複雑多岐にわたります。全ての改正，全ての措置法通達を完全に網羅することは難しいことです。小規模宅地特例を適用する案件一つひとつごとに，丁寧かつ完璧に適用要件を確認する必要性を痛感します。

ヒヤリ防止の処方箋！

①　特例適用にあたり，「建築中」といったキーワードだけで考えない

②　適用する特例の適用要件を確認

③　では，事実がどうなのか。適用する特例の前提となる事実の確認

④　とことん確認

（下見佐和子）

関税はわからんぜい

▨はじめに

　関税は輸入品に課される税金です。ここ最近，米中の関税の紛争問題が大きなニュースとなっております。

　海外からの輸入品を扱う事業者(「輸入事業者」)には，この関税に関して事後調査が入ることが少なくありません。調査対象期間は5年間遡り，調査では7割の事業者が追徴税を支払っているとの話もあります。事後調査は輸入申告内容が，関税諸法令に従って正しく行われているか否かを，事後的に調べることです。もちろん不適正な申告があった場合には，是正指示があります。関税は税と名がつくものの，これに関する業務は税理士の業務範囲ではなく，税理士は事後調査の立会者となることはできません。輸入事業者は自身で調査に対応するものの，やはり頼られるのは税理士です。さて，輸入事業者のS社長より，税の調査が入ると連絡を受け，すぐにS社長のところに対策に向かった税理士Tさん，やる気満々です。

☐ 税理士の範囲

Tさん　S社長，調査が入るようですが，どこの税務署のどの部署の方ですか。

S社長　いやいやそれがね。○○税関です。

Tさん　ありゃ，そうなのですか。関税の調査は税理士の業務外のため，調査には立ち会うことができません。通関士かあるいは弁護士でないと立ち会うことはできないのです。

S社長　えー，それでは私と経理担当で対応するしかないのですか。

Tさん　立ち会うことはできませんが，書類作成に関わっているので，同席は可能です。税関職員にお伝えください。一般の税理士は税関の調査にはヒヤリとするようですが，私は前職は商社で輸入業務を担当していましたので，事前対策でも，お役に立てるかと思います。（エヘン！）

S社長　それはありがたい。でも，どうして，税理士は立ち会えないのですか。

Tさん　税理士の業務については，税理士法で定められており，租税に関する税務代理などができるとされています。その中で関税は対象外であることが明文化されています。関税徴収，密輸出入，貿易等の対外的な色彩が強いため，一般租税とは管轄を区別したものと思います。

S社長　でも，輸入消費税を納めるのも税関だよね。

Tさん　その通りです。手続により延納も可能ですが，輸入関税及び消費税を納めないと輸入貨物を引き取ることはできません。納めた輸入消費税は消費税の確定申告において，仕入税額控除できます。

２　関税の算定

S社長　ところで関税の計算はどのように行われるのですか。

Tさん　関税は課税価格に税率を掛けて計算されます。課税価格とは貨物代金に加算要素を加えた価格をいいます。加算要素となるのは，以下の6種類です。

---

① 輸入貨物運賃，保険料

② 仲介手数料

③ 輸入貨物の容器や包装コスト

④ 買手が無償又は値引きで支給した材料，工具，金型，設計コスト

---

⑤　特許権，意匠権，商標権などのロイヤルティライセンスコスト

⑥　買手による輸入貨物処分

　上記のうち，①のみを加算するケースが一般的です。関税を計算し，輸入申告書を税関長に提出します。申告は通関業者が代行するのが一般的です。税関の調査でよく指摘されるのが，④です。輸入者が仕入先業者に対して材料や金型などを無償提供しているような場合です。仕入代金には含まれていないため，輸入申告にあたっては，加算にする必要があります。調査により，帳簿を確認した際，この部分の漏れを指摘されるケースです。

S社長　当社は商品輸入のみなので，大丈夫と思います。また，通関業務はXY通関にお願いしています。彼らは輸入の専門家ですからね。間違いないはずです。

Tさん　通関業者には通関士という専門家がおり，彼らは通関業務の専門家です。しかし，関税の計算においては，税率がとても難しいのです。関税の計算に適用する税率（一般税率）は以下のとおりです。

【固定税率】

・基本税率（関税の税率の基本）

・暫定税率（関税暫定措置法による税率）

・特恵税率（開発途上国等からの輸入）

・入国者の携帯品，別送品に対する簡易税率

・少額輸入貨物に対する簡易税率

【条約に基づいて定められている税率】

・協定税率（WTO協定税率）

・経済連携協定に基づく税率（EPA税率）

　税率の適用は①特恵税率，②協定税率，③暫定税率，④基本税率の順番で適用されます。

S社長　とても難しく，よくわかりませんね。

Tさん　そうです。よくわからないのが関税です。そこで「実行関税率表」というものを使って，適用税率を調べるのですが，とても膨大で，広範囲に及びます。また，頻繁に改正となるため，専門家でも調べるのは容易ではないと言われます。どうしてもわからない場合には，税関に照会し，回答を受ける「関税の事前教示制度」があります。

③　調査を終えて

Tさん　関税の事後調査はひとつの指摘もなく，無事に終えて良かったですね。

S社長　はい，Tさんのおかげです。とても感謝しています。

Tさん　いやいや，経理担当者が普段からきちんと書類整理をしているからですよ。

S社長　Tさん，正しく輸入申告し，関税及び消費税を納めていた

ので，調査による追徴はなく，ホッとしています。でも，事前に輸入関係の書類を確認し，発見したことがあります。

Tさん　な，なんでしょう！（ヒヤリ1）

S社長　〇国からの輸入に関して，関税はゼロであると相手先からも説明を受けていたので，そう思い，経理担当者にも関税ゼロでの事務処理の指示をしていました。ところが，実は関税はゼロではなかったのです。輸入申告書上は正しく計算され，納税しています。当社の経理帳簿の方で，輸入関税分も輸入消費税に含め，仕入税額控除していることに気づきました。Tさん，どうしましょう。

Tさん　な，なんと（ヒヤリ2）。せっかく，税関の調査を無事に乗り切ったのに～。

ヒヤリ防止の処方箋！

① 税理士は関税の調査には立ち会えない。
② 関税の計算において，加算要素の漏れに注意。
③ 関税の事前教示制度の利用も検討しましょう。
④ 関税及び消費税を正しく申告しても，消費税の確定申告時は再度見直しをしましょう。

（辻村　茂樹）

金融機関の承諾を得られていない借入金～相続税の債務控除への影響

▧はじめに─────

　債務は，遺産分割の対象外であり，各相続人が，当然に法定相続分で相続するのが原則です。

　特定の相続人が債務を引き継ぐ場合には，各相続人の間で債務引受契約が成立し，債権者の承諾があった場合に有効になります。

　本稿では，金融機関の承諾が取れていない借入金を，遺言書のまま相続税の申告書だけを作成すれば良いと思っていた事務所職員のとんだヒヤリハットをご紹介します。

■1　ある日の午後，ある税理士事務所で

所長　ところで，２か月前に受注したあの相続税申告書はどうなっているの？

職員　被相続人は公正証書遺言を残していました。主な相続財産は，自宅（長男と同居），１億円の借入金付きアパート土地家屋，現金預金3,000万円，受取人が長男である死亡保険金1,000万円，葬儀代はその死亡保険金をあてています。自宅の相続税評価額は，およそ2,500万円です。小規模宅地等の特例も適用できるかもしれません。アパート土地家屋の相続税評価額は，およそ8,000万円です。

　　相続税申告期限まで，まだ，残り５か月ありますし，遺言書があり，資料も全部揃っていますので，確定申告の繁忙期があけて１か月もあれば完成できます。そんなに時間がかかりませんよ。

所長　そうですか。確定申告があるからね。確定申告期限あけに引

き続きよろしく頼むね。都度，報告してね。

職員　はい。

【遺言書の内容どおりの申告書】

	長男	二男
自宅	2,500万円	
アパート土地家屋	8,000万円	
死亡保険金	1,000万円	
非課税	▲1,000万円	
現金預金		3,000万円
取得財産	10,500万円	3,000万円
債務	▲10,000万円	
課税価格	500万円	3,000万円

２　そして，１か月後

職員　相続税の概算評価ができました。確認をお願いします。

所長　確か，遺言書があるって言っていたよね。

職員　はい。公正証書遺言があります。

所長　相続人は，どんな状況ですか。

職員　相続人は，長男，二男の二人です。戸籍謄本等で確認しています。しかし，長男は，50歳を過ぎていますが，独身で，勤務する会社が倒産して，現在不安定な身分のようです。

　二男は，奥様，子供も一人おり，大手企業で勤務し，年収も1,000万円を超えている模様で，生活基盤もしっかりしています。

所長　相続人の状況はわかりました。公正証書遺言の内容は，どんな内容でした？

職員　被相続人は，生活基盤が弱くなってしまった長男を慮って，同居していた自宅，１億円の借入金付きアパート土地家屋，受取人を長男に指定している死亡保険金を，生活基盤が強い二男へは現金預金3,000万円を相続させる内容の遺言書を，被相続人である父が自分で考えて，公証役場で相談しながら作成していたよう

です。

所長　自分で，公証人と相談をしながらということは，その遺言内容は，金融機関はまだ知らないということですか。

職員　そうだと思います。

所長　すぐに，相続人の長男と一緒に金融機関に説明に行く手配をとるようにお願いします。

職員　？？？（意味がわからず，無言）

所長　相続人の長男が，借入金1億円全額を相続して，引き受けることを，金融機関は承諾しているのですか。

職員　いいえ。金融機関は，今のところ何も知りません。

所長　債務は，法定相続分での引受けが原則です。金融機関が，長男が1億円の債務引受けをすることを承諾していない場合には，二男も5,000万円を返済しなければなりません。金融機関から弁済を請求されたときは，二男の相続分に応じた債務を弁済しなければなりません。

　長男が単独で借入金の引受けをする交渉をするなら，

①　手もとにある現預金の一部繰上げ弁済を求められたり，

②　長男には，子供世代の推定相続人がいないわけですから，二男を連帯保証人として求められるかもしれません。

　金融機関と厳しい交渉になるかもしれません。

【金融機関の承諾を得られない場合】

	長男	二男
自宅	2,500万円	
アパート土地家屋	8,000万円	
死亡保険金	1,000万円	
非課税	▲1,000万円	
現金預金		3,000万円
取得財産	10,500万円	3,000万円
債務	▲5,000万円	▲5,000万円
課税価格	5,500万円	0万円

●解　説

　借入金1億円については，金融機関の承諾がなければ特定の人，つまり，その借入金の抵当権が設定されている土地建物を相続すると指定されている長男に承継することができません。相続される債務の債権者（例えば金融機関など）との関係では，債務引受けの承諾がある場合とない場合があります。承諾があるまでは，相続債務は，原則として，法定相続分に従って承継されたことになります。

　つまり，債権者である金融機関などが，長男一人だけの債務引受けを認めず，二男に法定相続分に当たる，5,000万円の債権を主張され，請求が来た場合には，二男は，法定相続分に従って債務を返済しなければなりません。そうなれば，二男は預金3,000万円，借入金5,000万円，実質，借金2,000万円だけを相続する結果になりますから，それでは納得できないでしょう。

　一昔前までのように，土地建物が担保として十分すぎる時代ではなくなり，金融機関は，

①　担保としている土地建物からの収益が少ない

② 次に債務を承継する人が一見想像しづらい（例えば，子供がいない場合）

というような場合は，債務引受けの承諾を慎重に行うようになってきています。

　今回の場合には，金融機関へ，長男単独で債務引受けを承諾してもらう条件で，今度は，金融機関を交えて，長男の遺言書を作成し，借入金の行方を明確にしておくなどして，相続が起こる前に，金融機関の事実上の承諾を得ておく必要があります。

ヒヤリ防止の処方箋！

●公正証書遺言だから大丈夫などとの思い込みは厳禁。
●債務があるときは，事前に債権者と相談しながら進める。
●債務は，各相続人が，当然に法定相続分で引き受けるのが原則。
●推定被相続人，推定相続人，債権者とコミュニケーションをとりながら決定していく。

（鈴　木　　新）

5 所得控除の改正が多すぎる！

▨はじめに────

　令和2年分の所得税から基礎控除等の改正が行われています。また，寡婦控除についても改正されています。年末調整や確定申告が始まる前に，一度整理しておくと，ヒヤリハットの撲滅にも繋がりそうです。

① 　令和2年分からの改正

税理士A　確定申告もようやく終わったね。

税理士B　今年も結局ギリギリまでもつれてしまった…。

税理士A　色々と改正があるから大変だね。

税理士B　基礎控除と給与所得控除とが変わったね。慣れるのに苦労している。

税理士A　ようやく配偶者控除には慣れたところだったのに。

税理士B　ここで整理しておかないとまた混乱しそうだね。

② 　給与所得控除

税理士A　給与所得控除は，令和元年までは220万円が上限だったね。

税理士B　令和2年からは195万円が上限になっているね。

税理士A　基礎控除と給与所得控除とが10万円入れ替わったから，220万円だったのが，まずは205万円に下がったと考えればいいかな？

税理士B　205万円は，改正前の年収850万円の人の給与所得控除額

だね。

税理士A　これまで年収1000万円で頭打ちだったのが，いまは年収850万円に下がっているんだ。

税理士B　なるほど。まぁここは，パソコンが正しく計算してくれるだろう。

税理士A　いやいや，所得金額調整控除があって，850万円超で23歳未満の扶養親族がいる場合などには，改正前の給与所得控除と同等になる措置が受けられるから，しっかり確認しないと間違えるよ。

税理士B　……。

（参考）　給与所得控除の改正

	令和元年	令和２年〜
年収850万円	205万円	195万円
年収1000万円	220万円	195万円^(注)

（注）　所得金額調整控除との合計では210万円

3　基礎控除

税理士A　給与所得控除に関連して，基礎控除は38万円から48万円になっているね。

税理士B　48万円は「老人」のプラス10万円とは別の話だね。

税理士A　全く別の話。扶養控除は38万円のままだよ。老人扶養はプラス10万円の48万円で変更なし。ただし，被扶養者の所得要件の判定は48万円で行うことになる。

税理士B　ややこしいなぁ。

税理士A　あと，基礎控除は10万円アップしたけれど，合計所得2500万円超の人は，基礎控除がゼロになっているね。

税理士B　そうか。これは確定申告の人達の話だね。年末調整では出てこないね。来年になったら，また考えよう。

税理士A　だから，いつもギリギリなのね。

4 寡婦控除

税理士A 平成30年度改正の他には，令和2年度改正で寡婦控除が改正されたね。

税理士B これも令和2年？どんな内容？

税理士A ①未婚のひとり親についても，寡婦（夫）控除の対象となること，②寡婦にも寡夫と同様の所得制限が入ること，③寡夫の控除額が27万円から35万円になること，が主な内容だね。

税理士B この辺りは，該当者の確認をしっかり行わないと，間違えそうだね。

税理士A さらに，住民票の続柄が「夫（未届）」「妻（未届）」となっている場合には，適用対象外とする改正もあったね。

税理士B それって何だろう？

税理士A いわゆる事実婚ってやつだね。入籍していない夫婦。住民票の話だからもちろん同居している。

税理士B そんなところまで確認しないといけないの？年調のやり直しが出ないようにしないとなぁ。

（参考）　令和2年度の寡婦控除の改正

①寡婦に寡夫と同じ所得制限（所得500万円，年収では678万円）を設ける。
②住民票の続柄に「夫（未届）」「妻（未届）」の記載がある場合には，控除の対象外とする。
③子ありの寡夫の控除額（27万円）を，子ありの寡婦の控除額（35万円）と同額とする。
④扶養親族がいない死別女性，子以外の扶養親族を持つ死別・離婚の女性（所得500万円以下）については，現状のままとする。

5 青色申告特別控除

税理士B 青色申告特別控除が55万円に減ってしまったね。

税理士A 電子申告の場合には，65万円が維持されているよ。

税理士B　電子申告の義務化は法人じゃなかったっけ?

税理士A　義務じゃないけど，控除が10万円減るのが嫌だったら，e-Tax にしてね。ということだね。

税理士B　ウチは，まだ紙申告だから，さすがに準備しないと。

税理士A　うっかりしていると，来年の申告時期がすぐ来てしまうよ。

ヒヤリ防止の処方箋！

①まずは改正内容の正しい理解から。新しい制度に慣れるまでに時間を要することを覚悟。

②税務ソフトは最新のものになっているか。特に準確は要注意。

③寡婦控除や障害者控除については，どのような確認プロセスを踏むか。聞きにくいことを当人に直接聞く必要もあるので，事務所内で対応ルールを構築。

④青色申告控除65万円を維持するためには，電子申告が必要。まだの場合には早めの準備を。

（宮澤　博）

奨学金貸付けの免除と所得税－そして印紙税まで

▨はじめに

　医療機関や福祉関係機関などは，職員の多くが何らかの専門職や資格職をもっている組織になります。報酬制度が資格を有するスタッフを多く確保することで，収入が増えるような仕組みになっています。そこで，雇う側は一人でも多くの資格持ち職員を確保したいと考えます。ただ一方で，人材確保は容易ではないことは周知のとおりです。そこで，雇用促進のために，奨学金制度を独自に設計して職員に学費等の貸付けを行い，資格取得を促します。いわば，雇用しながら育てていく制度になります。一般的な例として，奨学金貸付けを行って資格を取得させる。その後，一定の期間の勤務をもって免除するような制度です。このような奨学金制度を税務面から取り上げたいと思います。

🔳　看護学校の奨学金制度を活用して数年たった病院で

病院　制度を利用して准看護師の資格をとったスタッフのことで相談です。制度どおり貸付金〇〇万円が，今月末で免除されることになりました。ここで辞めないで，今後も長く勤めてもらえることを望みますね。

税理士　そうですね。免除になって本人は身軽になったことでしょう。ここで「退職します」では，病院側もがっかりですよね。

病院　ほんとそのとおりです。でも，こればかりは本人がどう思うかですが。当初の打合せどおり，今月末で貸付金免除相当を福利厚生費で計上しておきます。仕訳としてはこんな感じで。

（借方）福利厚生費　○○○

（貸方）奨学貸付金　○○○

税理士　ここの奨学金貸付制度は役員や理事長親族等を対象にして いないので，福利厚生費として計上し，本人の所得税の徴収は必 要ありません。

病院　わかりました。あと，債務免除通知を本人に発行したり，本 人と取り交わした契約書の返還などをした方がよいのですか？

税理士　債務免除というような堅苦しいものまで作らなくても何か 通知書でも送ればよいのではないでしょうか？

　　ただ，この本人と取り交わした契約書ですが，金銭消費貸借契 約書の１号文書に当たり，収入印紙の貼付が必要と思われますが …。

病院　そうですか，あらためて他も見直してみます。

2　学資金と所得税の関係について（所法9①十五）

　所得税法において，①「学資に充てるため給付される金品」は非 課税とされている。ただし，②「給与その他対価の性質を有するも の③（給与所得を有する者がその使用者から受けるものにあっては， 通常の給与に加算して受けるものであって，④次に掲げる場合に該

当するもの以外のものを除く。）を除く。」とされている。難解な条文ではあるが，下記のような解釈になる。

①　学資に充てるため給付される金品　⇒　非課税

②　①のうち，給与その他対価の性質を有するもの　⇒　課税

③　②のうち，給与所得を有する者がその使用者から受けるものにあっては，通常の給与に加算して受けるもの　⇒　非課税

④　③のうち，次に掲げる場合（例えば役員本人の学資給付の場合）　⇒　課税

となる。よって，上記病院の看護学校の奨学金制度の免除は「通常の給与に加算して受けるもの」であり，③に該当することとなる。結果，所得税上非課税となる。

③　奨学金制度の留意事項

　所得税法において「学資に充てるため」とある以上，金額の上限なく学資金として認められるものではないと考える。入学金・授業料・教材費などその学校において必要不可欠な金額が学資であり，制度で定める上限になるであろうと考える。制度運用する組織（病院など）においては，その学校案内なども参考にして金額を定めることが望ましい。また，学費の振込管理を行う（例えば，学費の振込領収書を確認する）などの措置を伴って，奨学金の使用使途が間違いないことを確認することも必要であろう。

④　役員親族等の取扱い（法基通15号関係 9 −16より）

　法人を前提にすると，奨学金制度を役員本人が利用する場合は，免除時に給与課税の対象になる。一方，法人役員の親族が，他の使用人と同等の立場で使用人である場合は，免除時に給与課税の対象にはならない。この点は，役員親族だけを優遇するような規定であってはいけないということがその趣旨と考えられる。役員に対しては非課税の措置がないことを留意すべき点であろう。

5 奨学金貸付けの契約書は金銭消費貸借契約書に当たる

　奨学金貸付けの契約書は通常，「貸主」「借主」「金額」「免除の要件」「免除にならない場合に返済方法」など記載されている。金銭消費貸借契約の要件を満たしている以上，印紙税法の課税文書（1号文書）に該当すると考えられる。記載金額に応じた収入印紙が必要になる。もちろん，覚書等名称を変えても内容が同一であれば課税文書になる。

　この点，金銭消費貸借契約の体裁をとらない書類作成の方法も考えられる。例えば，学資希望者（借主）から申込書を提出してもらう。それに，会社側（貸主）で申込許可証を希望者に発行する。このような場合は，申込書と申込許可証という形になり，1号文書に当たらないような記載方法も可能と考えられる。

6 今回のケースを踏まえて

　奨学金制度を活用することで使用者側の資金負担は増えることにはなるが，人材確保を考えると一つの方法になると考えられる。一方，親族や役員等だけを対象にした場合は給与課税になることも十分注意が必要である。具体的には，役員は対象にはならない。役員親族は他の使用人と同等の条件とする。さらに，収入印紙の負担などを検討し，制度設計や書類の作成を検討していただきたい。

ヒヤリ防止の処方箋！

①奨学金制度の金額面（多すぎない），条件面（親族や役員関係）に注意して設計する。
②免除規定は必須ではないが，資格取得後3年から5年程度で免除するのが一般的。
③収入印紙の負担にならないような様式づくりも検討を。

（空本　光弘）

そのままではダメですか？
外貨建ての取引

▨はじめに────────────

　海外との取引は必ずしも円貨で支払や受取りがされるものでなく，契約によっては，外貨で受け取ったり支払ったりします。外貨での取引はそのままですと帳簿に記載できませんので，円に換算した金額を使います。このとき，取引の発生のタイミングと支払のタイミングによっては，当初記録していた金額と為替の変動により差額が発生します。また，期をまたぐ場合も外貨建て債権債務の種類によっては換算替えが必要となってきます。このため，最初の換算にどのレートを使うのか，そして期末に換算が必要かどうかの認識はとても重要です。

　日常的に外貨建ての取引が発生しない会社では，うっかり忘れてしまうかもしれない外貨建取引を今回は見ていきたいと思います。

1 外貨建取引ってなんですか？

担当者　先生こんにちは。先日新しい取引先と契約をして，支払をドルで行うことになりました。送金した金額で円換算したのですが，一部は前払金なのです。実際に商品が納品される１か月後のドルの換算レートは変わるのでしょうけれど，まだそのレートは分からないし，その部分の記帳はどうしたら良いのでしょうか？

税理士　こんにちは。外貨建ての取引が発生したのですね。外貨建て取引は換算のルールが外貨建取引の換算等の通達で細かく決まっています。ですので，まずは原則のルールをみてから取引の検討をしてみましょう。

> **～ルール１　そもそも外貨建取引とは？～**
>
> 　その取引に係る支払が外国通貨で行われるべきこととされている取引をいいます。
>
> 　（外貨で表示されていても円で支払うこととなっている取引は入らない）
>
> **～ルール２　どのように換算する？～**
>
> 　その取引日における対顧客直物電信売相場（いわゆる TTS レート）と対顧客直物電信買相場（いわゆる TTB レート）の仲値（いわゆる TTM レート）による。ただし，継続適用を条件として，売上その他の収益又は資産については取引日の TTB，仕入れその他の費用又は負債については取引日の TTS によることができるものとする。

税理士　今回の取引は外貨で送金する必要があるので，外貨建取引に該当しますし，銀行で外貨を買って送金したので TTS レートが利用されています。ですので，このレートを利用して仕入れに計上したのは正しい処理ですね。

　　　　また前渡金又は前受金で資産の売買代金に充てられるものはあえて換算替えしなくてよいとされていますので，今回当初の換算額を利用することで問題ありませんよ。

担当者　そうですか，では簡便ですし，円貨額をそのまま仕入額に振り替えることにします。なお，今回はメインバンクからの送金でしたので自動的にメインバンクのレートを利用していますが，これは例えば他の銀行のもっと高いレートを使うこともできますか？

税理士　いえ，これも通達ですでに定めがあり，メインバンクのレートを利用することになっています。ただ，同一の方法により入手等をした合理的なレートを継続して使用することも認められて

います。取引が多くなると都度違うレートを利用するのも煩雑ですので，当月や前月のTTS，TTB，TTMを利用する，など社内でルールを決めることも良いと思います。

❷ 期末はどうしたらいいの？

担当者 なるほど，確かに請求書が増えていくと都度違う日付のレートを使うのは大変になりそうですね。ところでこの会社とは今後は掛による取引をする予定です。期末に外貨建ての買掛金がある場合の留意点を教えてください。

税理士 わかりました。これは表を見てもらう方がわかりやすいと思います。

短期か長期の区分※	原則の換算方法	届け出により選択できる方法
短期外貨建債権債務	期末時換算法	発生時換算法
長期外貨建債権債務	発生時換算法	期末時換算法

※短期とは支払や受取りの期日がその事業年度終了日の翌日から1年を経過した日の前日までに到来するもの，長期はそれ以外の1年を超えるもの。また先物外国為替契約により円価額が確定している場合は上記によらず確定円価額を利用することができる。

担当者 そうすると買掛金は3か月以内に支払う契約ですので，その前に決算期がくると期末のレートで換算が必要ということですね。そして，もし換算替えをしたくない場合は，届出をすれば良いということですね。

税理士 そうです。ただし注意点は，換算の届出はその取引が生じた事業年度の確定申告書の提出期限までに提出が必要という点，そして，一度選択すると，換算方法を採用してから相当期間を経過しないと変更の申請が却下される可能性がある点です。この二点に注意して届出をされるか決めてくださいね。

担当者 わかりました。円取引の時と違ってポイントがいくつかありますね。忘れないように決算チェックリストに追加しておきま

す。

＊

　初めての外貨建取引でしたが，事前に対策ができてひと安心ですね。実際には税務調査では，

□外貨建資産等の換算方法は，選定の届出をし，又は変更の承認を受けた換算方法（選定しなかった場合は法定換算方法）によることになっているのに，異なった方法で換算していたので修正が必要となった。

□期末に社内レートで換算していた会社に対して，社内レートの整合性が証明できずメインバンクのレートに修正が必要となった。

□長期と短期の区分を誤っていたため必要な換算を行っていなかった。

などの指摘がありますので，注意が必要です。

ヒヤリ防止の処方箋！

> 　外貨建取引を行った場合には，根拠のある換算レートを使いましょう。また期末の外貨建債権債務がある場合は，属性を把握して，正しい換算方法を確認しましょう。

（佐藤　直子）

家族の形と相続

　最近は，家族の形もさまざまです。未婚率・離婚率の増加，子連れ再婚，熟年再婚，お一人様，未婚のひとり親など，生き方の選択肢が増えたためとも言えます。家族の形がさまざまになると相続が複雑になることも多く，今後は全ての人の遺言書作成が当たり前の時代になるのかもしれません。今回は家族の形と相続についてのヒヤリハットを紹介します。

1 養子縁組で相続税が増える？

税理士　先日依頼のあった甲さんの案件だけれど，どうだった？

担当者　甲さんは独身で子供もおらず，ご両親・兄弟姉妹もすでに他界し，相続人は甥と姪の計4人です。そのうち甥の乙さんが甲さんの面倒をよくみてくれているそうで，他の相続人とは疎遠というか，あまり仲が良くないようです。甲さんとしては，可愛がっている甥の乙さんに全財産を相続させたいとお考えで，相続に関するアドバイスを求められました。

　そこで，乙さんを養子にしてはどうかとアドバイスしました。乙さんへ財産の全てを渡すことができ，甥姪には遺留分がないことから争いも未然に防げますよね。甲さんはニコニコしながら，乙さんに話してみると言っていました。

税理士　そうか，甲さんの心情としては，養子縁組は嬉しいだろうね。でも，税額が上がってしまう可能性があるね。養子は基礎控除額，保険金等の非課税限度額，2割加算，未成年者控除や障害

者控除なども関係する。

担当者　そうですね……。法定相続人が４人から１人になってしまうから税額は上がってしまいますね……。

税理士　養子縁組で２割加算対象者が減るけれど，総合的に見て税金が増えるなら，遺言書作成を提案した方が良いかもしれないね。いくつか節税対策パターンを作成して，次回それぞれのメリット・デメリットを甲さんに提示しよう。

＊

　結局，甲さんは甥を養子に迎えることになりました。税金は少し多くなるものの他の対策と組み合わせることで納得され，老後を甥に託すことで，心の平安を得られたようでした。とはいえ，このようなケースの養子縁組は税額が増えてしまうため注意が必要です。

２　申告期限直前に遺言書発見

税理士　Ａさんの打合せはどうだった？

担当者　はい。Ａさんは奥様に先立たれ，娘のＢさんがいます。Ｂさんのみが相続人と聞いていましたが，自筆証書遺言が見つかっ

て，愛人の子Cを認知する旨の記載があったそうです。Bさん，ショックを受けていました。Aさんは，今までCさんに苦労をかけたこと，Cさんに資金援助はしたけれど傍にいてやれなかったこと，奥様とBさんに申し訳ない気持ちなどを遺言に書いていたそうです。

税理士　そうか，お父様を亡くされてショックを受けている上，弟がいたとわかったらBさんとしては複雑かもしれないね。

担当者　そうですね。でもAさんは相続で争いにならないように遺言認知をして，財産分けも明記していました。Bさんもお子さんがいらっしゃって，子供を思う気持ちがわかるから，AさんのCさんへの気持ちも理解できると言っていました。

税理士　生まれてくる子は環境を選べない。かつては非嫡出子の相続分は嫡出子の2分の1だったけれど，同一となった平成25年の最高裁判決があったよね。とはいえ，日本は先進国の中で，ひとり親の相対的貧困率が高いそうだよ。2組に1組のひとり親は相当貧しい生活を強いられているそうだ。

担当者　そうですか，まわりにいないからピンと来ないけれど，ニュースで養育費の不払問題を見たことはあります。それに，未婚のひとり親は，ようやく寡婦（夫）控除の対象になりましたよね。

税理士　そうだね。母子家庭は非正規雇用が多く「パート・アルバイト等」が43.8％，母親自身の年間就労収入は平均200万円らしい。しかも母子世帯の母親の預貯金額は，「50万円未満」が39.7％だそうだ(注)。仕事，家事，子供の世話，場合によっては介護まで担わなければいけない人もいるそうだから，想像以上に生活は大変だと思うよ。

　日本では貧困が見えにくいこともあって，本当に大変な思いをしている人にキチンと手を差し伸べられていないという現実もある。そういう意味でも，AさんはCさんに父親としてできる限りのことをしてあげたいと思ったのかもしれない。

（注）「平成28年度全国ひとり親世帯等調査結果の概要」https://www.mhlw.go.jp/file/04-Houdouhappyou-11923000-Kodomokateikyoku-Kateifukishika/0000188136.pdf より

担当者　そうですね。でも，自筆証書遺言だと発見されないこともありますね。Ｃさんが未成年だったらＣさんにも遺言認知の件は伝わらないかもしれないし。

税理士　法務局の遺言保管制度が2020年7月にスタートしたから，今後は発見されないという事態は避けられるだろう。遺言認知は子供が成人していると本人の承諾が必要だけれど，未成年だと伝わらない可能性はあるね。

　それに例えばだけれど，相続人が配偶者と親だったような場合は，遺言認知によって相続人が配偶者と非嫡出子に変わってしまう。ケースによっては争いになることもあるだろう。そもそも10代以下の子どもは相続や法律に詳しくないだろうから，遺言者は公正証書遺言を作成した方が確実だろうね。それに遺言者の意思能力の問題もある。

担当者　そうですね。今回はＢさんもＣさんのことを認めていますし，スムーズに進みそうで良かったです。Ａさんも意思能力は問題なかったですし。でも，申告期限直前に発見されたのでヒヤッとしましたよ。間に合うように急いで訂正します。

3　民法改正～自筆証書遺言～

　民法改正により，自筆証書遺言作成の増加が見込まれます。自筆証書遺言は手軽に作成できますが，意思能力の問題は残ります。

　稀にですが，親族が意思能力のない認知症の親の手を取って，遺言を書かせるような事例が見受けられます。このようなことはあってはならないことですが，専門家から親族へ遺言無効訴訟などのリスク説明を怠らないことも，より重要になるでしょう。

また今後は，比較的若い年齢の時に遺言を作成し継続して見直していく慣習の定着や，事前に医師の診断を受けておくことで，意思能力の問題による争いを未然に防ぐことも検討しましょう。意思能力の観点からは公正証書遺言の方が安心ですが，自筆証書遺言を作成する場合は特に注意が必要です。

ヒヤリ防止の処方箋！

1　相続人が兄弟姉妹・甥姪のみの場合，養子縁組で税額負担が増大するケースがある。
2　家族構成が複雑な場合は，分割協議が難航しがちなので対策をしておく。遺言認知の場合は，認知のみにとどまらず財産承継も明確にしておく。
3　依頼者が公正証書遺言でなく自筆証書遺言を検討している場合は，意思能力のリスク説明等を怠らないようにし，その対処まで検討する。

（中上　純）

File
2

相続税の取得費加算～課税価格の計算の基礎に算入された資産

▨はじめに

　相続で取得した土地をその相続後に売却をするような場合には，まず土地を相続するために相続税を支払い，次にその相続した土地を売却することにより譲渡所得税を支払います。一つの財産について2種類の税金が課税されてしまい，税負担が重くなってしまいます。そのため，譲渡所得税の計算においては，相続税の一部を取得費に加算をして，譲渡所得を軽減する取得費加算の特例があります。

　今回は，この取得費加算の特例の適用に当たって何の気なしに適用してしまった，とんだヒヤリハットをご紹介いたします。

1　ある日の午後，ある税理士事務所で

担当職員　所長，E様がご相続されたご自宅と隣接するアパートの敷地を売却されるそうです。

所長先生　そうですか，相続はいつでしたか？

担当職員　2年前になります。早いですね。調査もそろそろでしょうか。（ドキドキだな～）

所長先生　調査にならないよう十分に精査をした申告をしましたよね。心配は無用ですよ。ご自宅とアパートの売却ですが，譲渡所得税がどのくらいかかるのか試算をしてみてください。相続後2年でしたら，取得費加算の適用がありますね。忘れないようにしてください。

担当職員　承知しました。

　……数日後……

担当職員 所長，E様の試算ができましたので，ご確認いただけますか？（図表－１）譲渡税は911万円になります。

所長先生 そうですか，わかりました。

●図表－１ やってしまった試算　単位：千円

	合計	自宅敷地	アパート敷地
相続税評価額	80,000	56,000	24,000
売買代金	100,000	70,000	30,000
概算取得費	5％	3,500	1,500
取得費に加算される相続税		5,153	2,208
仲介手数料	3,366	2,356	1,010
契約書印紙	30	21	9
差引額		58,970	25,273
特別控除		30,000	
課税所得金額		28,970	25,273
所得税＋住民税	9,110	4,056	5,054

（※）　自宅敷地については，居住用財産の3,000万円控除（措法35①），居住用財産の軽減税率（措法31の３）を適用。

所長先生 売買代金，仲介手数料，契約書印紙等は，自宅とアパートの相続税評価額で按分ですね。取得費は概算取得費の５％，そして，相続税の取得費加算ですね。ふむふむ。あれ？　取得費加算額，自宅で515万３千円も取れますか？

担当職員 はい，相続税が784万円×自宅敷地評価額5,600万円／課税価格8,520万円ですから，515万３千円になります。

所長先生 う〜ん，相続税の申告書（表２）を見せてください。

所長先生 あ，これですよ。小規模宅地特例ですよ。ご自宅の敷地には，居住用の小規模宅地特例を適用していますよ。

担当職員 はい，同居されていましたので，相続税では小規模宅地特例を適用して申告をしています。（それが何か……）

所長先生 取得費加算は，売却した土地にかかった相続税を取得費に加算しますという規定になります。ご自宅敷地は，小規模宅地

●図表－2　相続税の計算　　　　単位：千円

課税財産	自宅敷地	56,000
	小規模宅地特例　△80%	−44,800
	小規模宅地適用後自宅敷地	11,200
	アパート敷地	24,000
	その他	50,000
	計	85,200
法定相続人	1人	
基礎控除		36,000
課税遺産総額		49,200
税率	20%	
相続税額		7,840

の特例で自用地評価額から80%の減額がされていますから，相続税額の課税価格の計算の基礎に算入された土地部分は，小規模宅地特例の減額後，自用地評価額の20%部分になります。

担当職員　（ハッと気が付いて）そうだ！　そうですよね。

　　小規模宅地特例を適用していますから，この場合の取得費加算額は相続税784万円×小規模適用後の自宅敷地評価額1,120万円／課税価格8,520万円＝103万円になります。ええと，譲渡税は968万7千円です。58万円も増えちゃったよ。

所長先生　事前に気が付いて良かったですね。

●図表－3　正しい試算　　　　単位：千円

	合計	自宅敷地	アパート敷地
相続税評価額	80,000	56,000	24,000
売買代金	100,000	70,000	30,000
概算取得費	5%	3,500	1,500
取得費に加算される相続税		1,030	2,208
仲介手数料	3,366	2,356	1,010
契約書印紙	30	21	9
差引額		63,093	25,273
特別控除		30,000	
課税所得金額		33,093	25,273
所得税＋住民税	9,687	4,633	5,054

　（本当に良かった。税務署から，「先生，実は……」と電話がか
かってきてしまうじゃないですか。あの電話はヒヤリとしますか
らね。）

担当職員　はい！

2　相続税額の課税価格の計算の基礎に算入された資産

　相続した土地等を売却し譲渡所得税を計算する場合，通常の取得
費のほかに土地の相続税評価額に対応する相続税額を譲渡収入から
差し引くことができる相続税の取得費加算の特例（措法39）があり
ます。

　相続税の取得費加算の特例では，相続の開始があった日の翌日か
ら3年10か月以内に相続税の課税価格の計算の基礎に算入された資
産を譲渡した場合には，譲渡所得を計算する際の取得費に，相続税
額のうち，相続税の課税価格の計算の基礎に算入された譲渡資産に
対応する部分として計算した金額を加算します。相続税の一部を取
得費に加算することによって，譲渡所得税の負担を軽減します。

取得費に加算する相続税額

$$
\text{その者の}\atop\text{相続税額}\times\frac{\left[\begin{array}{l}\text{その者の相続税の課税価格の計算の基}\\\text{礎とされたその譲渡した財産の価額}\end{array}\right]}{\left[\begin{array}{l}\text{その者の相続税}\\\text{の課税価格}\end{array}\right]+\left[\begin{array}{l}\text{その者の債}\\\text{務控除額}\end{array}\right]}=\text{取得費に加算する相続税額}
$$

国税庁 HP　https://www.nta.go.jp/taxes/shiraberu/taxanswer/joto
/3267.htm

　本ケースの場合，相続税の課税価格の計算の基礎に算入された財産の価額は，ご自宅敷地評価額5,600万円から小規模宅地特例を適用して4,480万円を控除した後の1,120万円となります。相続税の申告書第11表から確認ができます。ご自宅敷地評価額5,600万円を使ってしまった担当職員さん，（試算とはいえ）ヒヤリハットでしたね。

ヒヤリ防止の処方箋！

① 適用する特例の趣旨を理解する
② 添付する書類からも計算根拠を確認する
③ 何の気なしは NG，集中力が必要
④ 他の人にチェックしてもらうことも大切

（下見佐和子）

高額な賞与については源泉所得税に注意

▨はじめに

　給与計算ソフトが普及して久しいですが，社員数の少ない会社は，手書きの給与明細やエクセルを利用したり，経理処理のついでに会計事務所が計算したりすることもあるでしょう。

　高額な役員賞与を設定した場合には，源泉所得税の計算が通常と異なる場合がありますので，注意が必要です。エクセルでも，特例までは自動計算してくれません。

① 賞与源泉税の特例計算!?

　源泉所得税の納付期限が7月10日ですが，顧問先からの給与データの回収が遅れ気味で，担当スタッフも焦っている様子です。

スタッフA　困りましたね，コロナ禍で給与データがなかなか集まりません。これじゃ，納期限まで間に合わないかもしれません。

所長　新型コロナの個別延長申請で対応するしかないかな。顧問先も，融資や助成金，給付金申請など，緊急対応に追われているんだろう。

スタッフA　僕も残業に追われています。（苦笑）

所長　こういう時期だからA君にも苦労をかけるね。

　（顧問先からの相談業務の増加やテレワークの実施など，税理士業界もコロナ禍で大きな影響を受けています）

所長　ところで，ABC商事の源泉納付書できた？　賞与源泉税が多いでしょ!?

　（ABC商事は，設立1年目の会社ですが，役員給与は，月額を控

えめにして，事前確定届出給与により下半期に賞与を支給している会社です）

スタッフA　はい，できています！　でも，賞与源泉税はゼロですよ。

所長　賞与源泉税がゼロ？……そんなはずは……

スタッフA　だって，月給10万円で扶養が4人だから毎月給与源泉はゼロ，前月給与が少ないので賞与の金額に乗じる率も0％，合わせてもゼロですね。賞与の算出率の表のとおりです！

所長　…（啞然）……A君，前月給与に比べて，賞与が極端に高い場合には，賞与源泉税の特例計算があるんだよ。そうしないと，年末調整不足額がすごい金額になるでしょ！

スタッフA　えっ！　そうでしたか!?……知りませんでした。（汗）

（慌てて算出表を見ながら）確かに賞与の算出率の表の下のほうに，それらしきことが書いてありますね。具体的な計算方法までは書いていないので調べてみます……。

　　その後，A君は，特例計算により源泉納付書を再作成し，ABC商事に連絡して，無事に納付を完了してもらいました。

●解　説

　賞与から源泉徴収する源泉所得税については，ほとんどの場合には，「賞与に対する源泉徴収税額の算出率の表」を利用し，扶養控除等申告書の提出の有無により「甲欄」又は「乙欄」を使用して計算できます。

　ところが，例えば，

①　支給時期が退職日から一定期間経過後の場合には，結果的に前

月に給与の支払がない

② 社会保険の資格喪失を避けるため最低限の給与（例：月1万円）設定により社会保険料天引き後の手取りがマイナスになる

③ 前月給与に比較して極端に賞与が高額

などの場合には，「賞与に対する源泉徴収税額の算出率の表」を使用しないで，「月額表」を使用した特別な方法により，源泉所得税を計算することになっています。このことは，源泉徴収税額表「賞与に対する源泉徴収税額の算出率の表」の（備考）に，以下のように掲載されています。

備考4　前月中の給与等の金額がない場合や前月中の給与等の金額が前月中の社会保険料等の金額以下である場合又はその賞与の金額（その金額から控除される社会保険料等の金額がある場合には，その控除後の金額）が前月中の給与等の金額から前月中の社会保険料等の金額を控除した金額の10倍に相当する金額を超える場合には，この表によらず，平成24年3月31日財務省告示第115号（平成31年3月29日財務省告示第97号改正）第3項第1号イ(2)若しくはロ(2)又は第2号の規定により，月額表を使って税額を計算します。

そして，備考4では具体的な計算方法は案内されていませんが，国税庁のタックスアンサーでわかりやすく掲載されています。

原則計算のように，前月の給与を基準にして計算すると著しく不合理な金額が算定されるため，特例計算では，賞与の額を月給に換算するなど，できるだけ適正な年税額に近づくような計算式となっています。

源泉納付書作成などの通常の業務についても，スタッフ任せにして油断すると，痛い目に遭うかもしれません。

	ケース	賞与から源泉徴収する税額
原則	「賞与に対する源泉徴収税額の算出率の表」に当てはめて計算	イ　前月の給与－社会保険料等 ロ　上記イの金額と扶養親族等の数を「賞与に対する源泉徴収税額の算出率の表」に当てはめて税率（賞与の金額に乗ずべき率）を求める ハ　（賞与の額－社会保険料等）×上記ロの税率
特例	(1)　前月の給与の金額（社会保険料等控除後）の10倍を超える賞与（社会保険料等控除後）を支払う場合	イ　（賞与の額－社会保険料等）÷6^(注) ロ　イ＋（前月給与の額－社会保険料等） ハ　ロの金額を「月額表」に当てはめて税額を求める ニ　ハ－（前月の給与に対する源泉徴収税額） ホ　ニ×6^(注)
	(2)　前月に給与の支払がない場合	イ　（賞与の額－社会保険料等）÷6^(注) ロ　イの金額を「月額表」に当てはめて税額を求める ハ　ロ×6^(注)
	(注)　特例(1)(2)共通 　　　賞与の計算期間が半年を超える場合	賞与の計算期間が半年を超える場合には，「6」を「12」に読み替えて計算

ヒヤリ防止の処方箋！

① 高額な賞与については源泉所得税の計算に注意する
② 国税庁発行のパンフレットや手引書を改めて詳細までチェックしてみる

（高橋　勤也）

相続開始日でヒヤリ

▨はじめに

　相続開始日は，通常であれば死亡診断書の死亡日付となり，相続手続は相続の開始があったことを知った日（死亡日）の翌日から10か月以内が相続税の申告期限です。

　しかし，中には孤独死，天災等で，死亡してから数週間，数か月後に死亡が確認され，実際の死亡日と相続人が死亡を知った日が異なる場合があります。

　今回は，相続開始日と相続の開始があったことを知った日の判定でヒヤリとしたことをご紹介します。

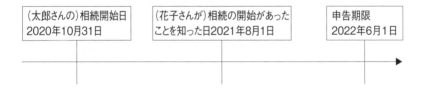

1　依頼者花子さんと税理士の会話

花子さん　このたび，弟の太郎が亡くなりまして相続税の申告で相談に来ました。弟は一人で出かけたまま行方がわからず，最近になって死亡が確認されました。戸籍の死亡日には2020年の10月31日となっています。申告期限は10か月後と聞いていますが，もう間に合わないですよね。

税理士　相続税の申告期限は，相続人（花子さん）が太郎さんの亡くなったことを知った日から10か月後となりますので，2021年8

月1日に知ったのであれば，申告期限は2022年6月1日です。知ってからすぐにご相談に来ていただいたので十分間に合います。

花子さん　よかった。親も10年以上前に亡くなっていて相続人は私しかいません。相続財産は10年以上前に親から相続した預金と有価証券です。残高証明書は2021年8月1日の日付でとればよいですか？

　　有価証券は，全部売却するつもりです。

税理士　残高証明書は2020年10月31日の日付で取得してください。相続の手続は相続開始日で行います。

②　後日，相続人との打合せ

税理士　現預金，有価証券を合わせると2億円を超えていますので，相続税は，5千万円以上になります。

花子さん　わかりました。有価証券を売却したいのですが，証券会社の担当者によれば，利益が出ているので確定申告が必要と言われました。それもお願いします。

税理士　わかりました。有価証券の売却益から相続税が差し引ける相続税の取得費加算額の特例が使えますので，税金は，さほどかからないかと思います。

花子さん　それはよかったです。

税理士　最終的にできましたらご連絡します。

花子さん　よろしくお願いします。

③　申告書作成中，戸籍謄本を見てヒヤリ

税理士（独り言）　それにしても，10年以上前に親から相続した金融資産が2億円も残っているなんて，ご両親の財産は相当大きかったのかな。10年以上前とは，何年前なんだろう？　戸籍謄本に死亡年月日が書いてあるから見てみよう。

　　あ……（ヒヤリ）。2010年12月死亡‼　子供（太郎さん）の相

続開始日は2020年10月だからまだ，10年経っていない。

　そうか，花子さんが太郎さんの死亡を知った日は，2021年の8月だから，その時だと10年以上前というのももっともだな。相次相続控除がきっと使えるから親の相続税の申告書を見せてもらおう。

　相次相続控除が使えるということは相続税が安くなるから，今度は有価証券を売却した際に売却益から控除できる相続税（取得費加算額の特例）が少なくなるので，確定申告で所得税が増えるかな？

4　相次相続控除

　相次相続控除とは太郎さんの相続開始以前10年以内に太郎さんが親から相続によって財産を取得し，相続税を払っていた場合には，太郎さんから相続によって財産を取得した花子さんの相続税額から一定金額を控除する制度です。一定金額とは太郎さんが親の相続で支払った相続税のうち，1年につき10％の割合で逓減した後の相続税をいいます。具体的には，親の相続で太郎さんが仮に1億円の相続税を払った後，太郎さんが1年以内に死亡した場合は，10％逓減した9,000万円が太郎さんの相続人，花子さんが支払う相続税から差し引けます。

　今回は，親の死亡日2010年12月で太郎さんの死亡日は2020年10月でしたので9年超経過しています。90％低減した1,000万円が今回，花子さんが支払う相続税から控除することになります。

　この制度は，1次相続（親から太郎さん）2次相続（太郎さんから花子さん）ともに相続人が相続することが要件となっているので，相続人以外の人が遺贈により財産を取得しても適用はありません。

5　相続税の取得費加算額の特例

　相続又は遺贈により取得した不動産や有価証券を相続税の申告期限から3年以内に売却すると，相続税額のうち，次の算式で計算し

た金額が売却資産の取得費に加算することができます。

＜算式＞

$$\text{その者の相続税額} \times \frac{[\text{その者の相続税の課税価格の計算の基礎とされたその譲渡した財産の価額}]}{[\text{その者の相続税の課税価格}] + [\text{その者の債務控除額}]}$$

$$= \text{取得費に加算する相続税額}$$

（国税庁ホームページより）

　算式から，相続税額が安くなると，取得費に加算する相続税額も安くなりますが，贈与税額控除又は相次相続控除を受けている場合は，控除をする前の相続税額で計算します。つまり，支払った相続税額に相次相続控除額を加算した金額が，上記算式の「その者の相続税額」となりますので，譲渡所得税の計算には影響がありませんでした。

ヒヤリ防止の処方箋！

> ①　相続開始日と相続があったことを知った日が異なる場合は，注意して取り組む。
> ②　相続人が，過去に相続税の申告書を提出している場合は，見せてもらうこと。
> ③　相続税の取得費加算額の特例は相次相続控除に影響しない，必ずチェックシートで確認すること。

（奈良　真美）

賃貸マンション，取得時に課税仕入れになる部分は？

不動産を賃貸している顧問先に月次訪問をしました。

令和2年度税制改正で，令和2年10月1日以後に取得する居住用賃貸建物の課税仕入れ等の税額について，仕入税額控除の対象としないこととなりましたが，今回の顧問先はこの改正で影響を受けそうです。

1 店舗と住まいの共用の間取り

社長 新しい賃貸マンションもようやく完成，10月には引渡しが完了します。うちは10月決算ですから，やれやれと思っているところです。

担当職員 そうですか，完成ですか。それはよかったですね。消費税は今期の処理になりますね。この建物の場合，令和2年度の改正の影響で，居住用部分は仕入税額控除の対象外になります。決算も近いので，消費税については先に計算してご連絡いたします。

担当職員は事務所に戻り，早速試算し，税理士にチェックしてもらっています。

担当職員 このマンションは1階が店舗，2階以上は居住用となっています。ですので，1階は仕入税額控除の対象になり，2階以上は対象外として計算しています。

税理士 建物の1階の構造はどんな感じ？

担当職員 はい，店舗と住まいの共用の間取りになっていまして，店舗部分とお風呂やキッチン，寝泊りもできる部屋があります。

マンションの構造

5F	居住用	
4F	居住用	
3F	居住用	
2F	居住用	←構造は居住用、事務所としての貸付けなので後に仕入税額控除の対象
1F	居住用　店舗用	←構造が店舗用の部分は、仕入税額控除の対象

↓
構造が居住用の部分。課税賃貸用でも取得時は仕入課税控除対象外

税理士　あれ，今回の改正で，たとえ店舗として貸付けを行う場合であっても，建物の構造・設備の状況などによって住宅の貸付けの用に供しないことが客観的に明らかなものでなければ，仕入税額控除の対象には該当しなくなったよ。

担当職員　えっ。そうなのですか！　店舗以外はほかの居住用の部屋と同じ構造です……。つまり1階は仕入税額控除はできない……。部屋の面積は広いし，消費税がだいぶ変わってしまいます。

税理士　ただ，構造や設備で，店舗や事務所用として貸し付ける分と，それ以外の居住用部分が合理的に区分される状況であれば，居住用以外の部分は仕入税額控除の対象になるよ。

担当職員　当初から店舗部分と居住用部分の境界はドアもついていますし，完全に分けられた構造になっています。店舗部分については仕入税額控除の対象ですね。

　　でも，1階の居住用部分が対象外で控除なし……。

税理士　まだがっかりするのは早いかも。今後，このマンションを居住用から店舗賃貸用に変更した場合，それが消費税の調整期間中であれば仕入税額控除に加算することができる。

担当職員　実は2階は居住用の構造ですが，事務所として賃貸する会社があります。それでは2階が調整対象になり，仕入税額控除ができますね。まだこの後の賃貸の状況で，他も仕入税額控除の対象金額が増える可能性は残っていますね。この点を社長に説明

します！

税理士 ただ，これは建設したと
きの処理ではないので，３年後，
仕入税額控除ができることを忘
れないように管理しておくこと
が大事だね。

担当職員 はい，３年後ですから
気を付けないと。忘れないようにきちんと管理します！

ヒヤリ防止の処方箋！

① 令和２年度税制改正で，令和２年10月１日以後取得の居住用
の賃貸マンションは原則，仕入税額控除ができない。

ただし，経過措置として令和２年３月31日までに締結した契
約に該当する場合は従来通りの仕入税額控除が適用されるので，
契約日を確認。

ただし，令和２年４月１日以後に仕様変更等がある場合は，
経過措置の適用対象外。

② 店舗貸付けでも，建物の構造が居住用であれば，仕入税額控
除はできない。

③ 居住用賃貸建物の取得に係る仕入税額控除の制限の適用を受
けた居住用建物について，下記の要件を満たす場合は仕入れ税
額控除できる。

＜要　件＞

㋐ 課税仕入れ等の課税期間から３年目の課税期間の末日に所
有している。

㋑ その期間内に課税賃貸用に供した。

（計算式）

居住用賃貸建物に係る課税仕入れ等の税額×課税賃貸割合

←第３年度の課税期間の仕入控除税額に加算する。

（坂本　恵子）

13 パソコン購入は固定資産とするか？

　パソコンなどの固定資産の購入にあたり，資産計上すべきか，費用処理すべきか，あるいは一括償却資産として均等償却すべきかなどについては，実務の現場で接する機会が多い相談内容かと思います。そして，税抜経理の場合や税込経理の場合のそれらの判定はどうするのか，また，償却資産に係る固定資産税の申告はどのようになるのかなどを総合的に検討するようなテーマを取り上げました。今回はリモートワークのために会社が複数台のパソコンを購入することを検討しているケースを紹介します。在宅ワークも多くなっている今日ではトピック的なテーマではないでしょうか。改めて検討・確認ということでもお読みくだされば幸いです。

◼ リモートワークのためにパソコンを購入することに

関与先の会社　在宅や遠隔でのリモート業務を可能にする必要があって，ひとり１台で持ち運びできるようにノートパソコンを購入しようと思っています。

税理士　そうですね。在宅だけではなく，旅行先で仕事ができるようにするワーケーションなんて言葉もできましたしね。会社としては，いろいろな形での働き方を提案するのが流行です。

会社　ほんとその通りです。あとは，１年間実験的にサテライトオフィスを作って，ここ（本社）まで来ないで仕事ができるような環境づくりも考えています。これはグループ会社数社で共同利用を試験的に実施したいと考えています。いろいろ設備投資がかか

りますが，パソコン関係は１台10万円未満でしょうから今年の経費になりますかね？

税理士　そうですね。税抜きで10万円未満であれば経費にできますし，貴社の場合は30万円未満であれば，少額減価償却資産という制度で取得時に全額損金にすることも可能です。ただし，年間合計300万円までという条件はありますが。また，サテライトオフィスの件が気になりました。１年間限定ということですか？　使用可能期間が１年未満のものは，資産計上ではなく損金経理もできますが。

会社　そうですか。サテライトオフィスは実験的に行うもので１年間限定ということでスタートします。ただ，継続希望の声が多くなればそのまま継続することも考えられます。本当に試験的運用ですよ。

税理士　わかりました。サテライトオフィスの計画が決まりましたら，また教えてください。数社での共同利用であれば，その設備投資についても，各社の負担割合を考えないといけませんね。

会社　そうですか。グループ会社でもこの点について相談をしておきます。

② 一括償却資産と少額減価償却資産の違い

　一括償却資産は取得価額が10万円以上20万円未満の資産となる。一方，少額減価償却資産は取得価額30万円未満であり，かつ青色申告法人の中小企業者が要件になる。償却資産に係る固定資産税の申告の側面からすると，一括償却資産は申告を必要としないが，少額減価償却資産はたとえ20万円未満であっても償却資産に係る固定資産税の申告をする必要がある。あと，少額減価償却資産は，令和6年3月31日までに取得し事業の用に供することが必要で，1事業年度で300万円という上限がある。

　また，適用対象資産から貸付け（主な事業として行われる場合は除く）の用に供した対象資産は除外される。

③ 税込経理と税抜経理

　取得価額と消費税の経理方法の関係については，会社が税込経理を行っていれば，税込額が「10万円以上であるか」又は「30万円未満であるか」などの判定を行う。例外的に，税込経理と税抜経理の併用が認められている場合がある。具体的には，収入が税抜経理である場合に，固定資産・棚卸資産・繰延資産・経費などそれぞれ税込経理を採用することが可能である。例えば，固定資産は税込経理で，それ以外は税抜経理という経理方法が可能になる。経理方法の変更は事業年度の都度変更可能であるが，棚卸資産については継続適用が条件になるので，事業年度の都度変更は行えないことになる。

④ 共有財産の取得価額の考え方

　1つの財産を数社で負担した場合，いわゆる共有財産の取得価額の基準について，共有按分前で判定するか，共有按分後で判定するのかという議論がある。この点，共有按分後で判定することになる。例えば，取得価額45万円の応接セット（余談ですが，応接セットは

椅子とテーブルには分けず，一式の価格を基準に資産計上の有無を判定する）をグループ企業3社で共有すると，45万円÷3社＝15万円が各社の取得費用となる。結果として，各社とも一括償却資産又は少額減価償却資産として計上することになる。

5 使用可能期間と減価償却資産

　実務的には，取得価額をもって資産計上するか否かを検討する。ただし，「使用可能期間が1年未満のもの」に関しては，法定耐用年数で減価償却するのではなく，事業年度に経費（取得価額相当を損金経理した場合には，損金算入が認められる）になる。これはその事業の特徴を鑑みて，「その営業においては一般的に消耗品と認識される」かつ「平均的な使用状況，補充状況からして使用可能期間が1年未満」である場合に限られる。事業の特異性から適用が可能か否かを判断することになるであろう。国税庁のタックスアンサーには，コマーシャルフィルムが一例として紹介されており，放映期間が1年未満の場合は今回の制度の適用が可能としている。

6 今回のケースをふまえて

　今回のケースにおいては，購入パソコンは1台10万円未満になり，全てが損金算入されることになった。また，サテライトオフィスについては，使用可能期間が1年未満とも考えられたが，オフィスそのものが延長するかもしれないことや設備投資が一般的に消耗品として認識されるような資産でないと考えられることから，通常の法定耐用年数をもって減価償却を行うこととした。

　共同利用の件は，1社での試験運用が始まった。数社での共同事業とすると，資産管理が煩雑になることから取りやめになった。現実的な対応だったと思った。

　あとは，パソコン以外の資産を少額減価償却資産として計上するか否かの検討を行い，それに伴い償却資産に係る固定資産税の申告

を年明けに行うことになった。

　このコロナ禍において，実務の現場では似たようなケースに接することもあるでしょう。読者の方々の参考になれば幸いです。

ヒヤリ防止の処方箋！

① 　取得価額の判定は，税込経理又は税抜経理を基本とする。
② 　売上が税抜経理の場合でも，固定資産のみ税込経理とすることができる。
③ 　少額減価償却資産は，償却資産の固定資産税の申告が必要になる。
④ 　使用可能期間が１年未満のものは，１年度で経費算入（消耗品扱い）になる。ただし，その営業の特異性を検討する必要がある。

（空本　光弘）

たった2文字の違いで…!?
——副業する人の確定申告

▨はじめに

　副業を解禁する企業が増えています。これから確定申告シーズンになりますが，今年の所得税の確定申告では「副業をしたけれど，確定申告はどうすればよいのでしょうか？」という相談が増えることでしょう。

　副業とひとくちに言ってもさまざまな働き方（所得区分と規模）がありますが，今回は給与所得者が副業した場合における確定申告に関するヒヤリハットをご紹介します。

1　その副業の所得区分は何ですか？

納税者　私はサラリーマンですが，副業として他社（本業として勤務する会社以外）でアルバイトをはじめました。

　　この副業はアルバイトだから給与所得として確定申告をすればよいですよね？

税理士　アルバイトだからといって必ずしも給与所得になるとは限りませんよ。

　　場合によっては事業所得や雑所得になり得ます。

　　名目ではなく内容を見て実質的に判断しなければなりませんよ。

納税者　えー！　そうなんですか!?　てっきり給与所得になると決め付けていました…。

*

　副業収入を得た場合，まず悩むのは所得区分です。その副業は給

与所得か，事業所得か又は雑所得かを判断する必要があります。働き方を契約形態別に区分し，それぞれの所得区分を見ると次の図表－1のようになります。

●図表－1　契約形態別所得区分

＜契約形態＞	＜所得区分＞
雇用契約	給与所得
請負契約	事業所得，雑所得
委任契約	役員報酬の場合…給与所得 それ以外の場合…事業所得，雑所得

　例えば，ウーバーイーツで配達をする副業は，アルバイト的に見えるので給与所得と思ってしまうかもしれませんが，実は事業所得又は雑所得になるのです。給与所得は「雇用契約又はこれに類する原因に基づき使用者の指揮命令を受けて提供する労務の対価」となりますが，ウーバーイーツの配達員の仕事はこれに該当しないそうです。

　確定申告の段になって所得区分でヒヤリとしないように，事前に契約内容や実態を確認しておくことが必要になりますね。

② 確定申告をする必要がありますか？

納税者　私の行っている副業は，契約上も実態も雇用契約になると思います。

税理士　そうですか。すると副業は給与所得ですね。

納税者　副業については，年間20万円以下ならば確定申告は不要と聞きました。

　　私の副業収入は70万円ほどです。

　すると70万円－55万円（給与所得控除額）＝所得金額15万円として，確定申告はしなくてもよいということですよね？

税理士　それは違います。

　　副業の給与所得については収入金額で判定します。

　　副業収入70万円　＞　20万円となりますから，確定申告をする
必要がありますよ。

納税者　えっ！そうなんですか！

　　あやうく確定申告をしないところでした。ヒヤリ…。

＊

　「収入金額」か「所得金額」か，文字で見るとたった2文字の違
いですが，確定申告不要の判断上，大きな差となります。ここを誤
ると無申告という事態になってしまいますので注意が必要です。副
業の形態による確定申告不要の判定は上の図表−2のようになりま
す。

　ここでは，副業を1つだけしている場合の説明をしていますが，
複数の副業を掛け持ちしている人もいるでしょう。また年金受給者
が副業をすることもあります。このような場合の確定申告不要の判
定は，少し複雑になるので注意が必要です。

●図表−2　副業形態別確定申告不要の判定

＜副業の形態＞	＜確定申告不要の判定＞
給与所得（本業） ＋（副業）給与所得	給与所得（本業）と給与所得（副業）だけ しかない場合，副業による給与の収入金額 …20万円以下は不要 ※本業において年末調整されており，副業 　において源泉徴収されていることが前提。
給与所得（本業） ＋事業所得又は雑所得（副業）	給与所得（本業）と事業所得又は雑所得 （副業）だけしかない場合，副業による事 業所得又は雑所得の所得金額…20万円以下 は不要 ※本業において年末調整されていることが 　前提。

※副業を掛け持ちしている（2以上の副業）場合の判定については本稿で
　は省略。

ヒヤリ防止の処方箋！

① 　上記の所得区分と確定申告不要のヒヤリは税理士にとっては当たり前の事項となりますが，一般の納税者にとってはヒヤリハットが多く発生する事項となります。

　今後，副業に関する確定申告は増加し，税理士には相談だけで申告は自分でする方も多くなると思います。そのような場合，税理士は申告書の作成はせずとも，相談者が判断を誤らないように分かりやすく適正な知識を伝えていく工夫が必要です。

② 　税理士が関与する企業（顧問先企業）が副業者を募集している場合には，税理士は顧問先企業に対して，副業者に支払う対価は給与所得となるものなのか，事業所得又は雑所得になるものなのかを明確にするように指導することも大切です。

（冨永　昭雄）

ちょっと待って！その自筆遺言書は開封しないで

　「終活」という言葉がすっかり浸透してきました。終活とは「人生の終わりのための活動」の略です。人間が自らの死を意識して，人生の最期を迎えるための様々な準備や，そこに向けた人生の総括を意味する言葉でもあります。人生の最期を自分の望むように準備する。その活動の中の一つ「遺言書」を用意される方も増えてきたように思います。

　今回は，自筆証書遺言でのヒヤリハットの事例です。

① 自筆証書遺言が開封してある‼

　ご近所に住むSさんからご紹介されたKさん。お父様がお亡くなりになり，税理士に相談をしたいとのことです。Kさんはとてもまじめで，仕事の早い方でした。また，家族仲がよく，Kさん始めご家族総出で私を迎えてくださいました。

税理士　Kさん，このたびはご愁傷様です。急なことだったと伺っています。

Kさん　先生，これからどうしたらいいでしょう。年金関係の手続は明日にでも行こうと思っているのですが，税金関係が全く分からず不安なのです。

税理士　相続税のことですね。これは相続の開始があったことを知った日，つまり今回はお父様が亡くなった日ですね，その日の翌日から10か月以内に申告しなければなりません。その申告期限までまだ時間がありますから，焦らなくていいですよ。また落ち着

いたころに伺いますね。一応，今後の話をしますと，相続財産の把握が必要です。それらをどのように分割するか決めていきます。相続人は，お母さま，Kさん，そして妹さんの3人ですね。

実はまだお葬儀を終えて間もなかったので，具体的なお話はもう少し時間をおいてすることにしました。そして，1か月後，Kさん宅へ再び訪問しました。

Kさん　遺言書が見つかりました。母によると父は生前から終活に積極的だったそうです。だいたいの財産のことも分かりました。書類も一部取り寄せました。これらの財産については，この遺言書に書かれているとおりに相続しようと思っています。

税理士　それは立派なお父様でしたね。自筆証書遺言ですね。では，家庭裁判所で検認を受けていただきま……。あれっ，開封してある‼

Kさん　えっ‼　私が母と妹の前で開封しました。問題あるのですか？

税理士　実は，自筆証書遺言は開封せずにそのまま家庭裁判所へもっていき，検認手続をして，初めて遺言書として有効になるのです。でも，大切なお父様のご遺志ですから，この遺言書を生かしましょう。

その後，家庭裁判所に問合せをして，開封したものでも手続はできるとの回答を得て，申請書を記入の上，Kさんが検認申請することとなりました。

❷　検認手続は面倒⁉

遺言にはいくつかの形式がありますが，今回のような自筆証書遺言は，発見した相続人が被相続人の最後の住所地の家庭裁判所に遺

<自筆証書遺言と公正証書遺言の長所と短所>

		長所	短所
自筆証書遺言	自宅等で保管	・簡単に作成できる（財産目録のワープロOK） ・費用がほとんどかからない	・紛失や偽造変造の恐れがある ・家庭裁判所の検認が必要 ・内容や様式に不備が生じる可能性あり
	法務局で保管	・紛失や偽造改変の恐れがない ・家庭裁判所での検認が不要	・内容や様式に不備が生じる可能性あり ・法務局の手数料がかかる
公正証書遺言		・紛失や偽造改変の恐れがない ・法律に詳しい公証人が作るので無効や争いになりにくい ・家庭裁判所での検認が不要	・証人を用意する等，手続が少し煩雑 ・公証人手数料がかかる

（注）　その他に「秘密証書遺言」もある。

言書を提出し，検認の手続をしなければなりません。

　本来ならば，初めてKさんと面談した際に万が一遺言書が発見された場合を想定して，その取扱いについてもお伝えすべきだったと反省しました。民法の規定では検認前に開封すると過料に処されることがある（民法1005）とされていて，開封してしまったKさんも肝を冷やされました。今回はその過料に処されることはありませんでした。Kさんの事例はとても仲の良いご家族の相続でしたから，全く問題は起こりませんでしたが，万が一，不仲なご家族での相続の場合，「勝手に開封して書き換えたのではないか」などといらないトラブルも起こってしまいます。

　検認手続には時間がかかります。申請はだれが行ってもいいのですが，検認の立会いは申請人が必須なのです。実は今回の事例ではなかなか裁判所との日程が合わず，約2か月が掛かりました。

3　遺言書を残すならば

　ここで，遺言書について簡単におさらいをしておきましょう。

まずは，自筆証書遺言は，遺言者が全文，日付及び氏名を自書し，押印する必要があります。民法改正により相続財産の目録については一定要件のもとパソコン等での作成も可能となりました。そして，令和2年7月から従来の自己の責任で保管するもののほか，公的機関（法務局）で自筆証書遺言を保管する制度（自筆証書遺言保管制度）が創設されました。この場合，検認の手続が不要です。

　そして，公正証書遺言は，証人2名の立会いのもと，公正役場にいる公証人が関与して作成します。原本は公正役場で保管され，偽造や変造，破棄の恐れがありません。残されたご家族にも負担をかけず，これが一番安心のようにも思われます。

　遺言書があることで，相続はとてもスムーズに進みます。残されたご家族のためにも，何らかの形でその思いを残すことはとてもよいことだと感じました。

　今後，遺言書作成についてご相談をいただいた場合，私は今回の事例を踏まえ，条件が許せば公正証書遺言をおススメしようと思っています。

ヒヤリ防止の処方箋！

- 相続税申告の依頼主には自筆証書遺言を発見した際は開封しないで家庭裁判所での検認手続を指示する。開封していたとしても，早急に手続をとるようにする。
- 顧問先等にはご家族で終活のお話をする「家族会議」の機会を持つことを勧める。
- 遺言書を作成した際には，家族にその存在を伝えておくようにアドバイスする。

（青山　優子）

16 インフレ対策と所得の区分

▨はじめに─────

　新型コロナウイルスによる経済への影響が拡大し，世界恐慌以来の景気後退となる可能性が心配されます。

　最近では仮想通貨や金を購入する方が増えており，税理士Tさんの顧問先のS社長も例外ではありません。さて，Tさん，S社長より，税の処理について，質問があるとの連絡を受け，すぐにS社長のところに駆けつけました。ところが…。

---

❶　資産防衛

Tさん　S社長，どうしたのですか，慌てているようですね。税務署の調査でも入るのですか。

S社長　Tさん，大変だよ。日本経済はもう終わりだよ。新型コロナウイルス感染により，インフレのリスクが高まっている。ハイパーインフレになれば円の価値が暴落してしまうよ。みんなの貯金は紙クズになってしまうよ。

Tさん　それは大変です。でも，先日，定額給付金をいただきましたよ。日経平均株価も3万円台に戻りましたし，日本は経済大国ですよ。大丈夫ですよ。

S社長　何を言っているのですか。給付金は政府の緊急経済対策のための財政支出です。その財源をご存じですか。今のところ予備費や国債の発行で財源を確保しています。日銀は年間80兆円の天井を撤廃し，無制限に国債を買うようです。

Tさん　日銀はお金をたくさん持っているのですね。

S社長　日銀はいま，異例の金融政策を行っており，このままでは崩壊します。いまの日銀は金利が少しでも上がると債務超過に陥ってしまう。債務超過となると円の価値が暴落します。そしてインフレとなる。インフレには仮想通貨や金をもつことが資産防衛になるんだ。

Tさん　どうして，仮想通貨や金をもつことが防衛になるのですか。

S社長　仮想通貨は，電子データのみでやりとりされる世界共通の通貨です。インターネット上での取引に用いられ，ブロックチェーン技術などの暗号化技術を用いている。暗号通貨とも呼ばれているものです。円の価値が下がっても，仮想通貨の価値は影響を受けない。なので，インフレ対策となるんだ。また，金は有事の金といわれ，物価上昇に合わせて，価値が上がるので，インフレ対策としては有効なものといわれています。Tさんも資産防衛策を考えた方がいい。預金をドルに替えたり，住宅ローンを固定金利に変えたりすることも有効な策のひとつだよ。

Tさん　あ，ありがとうございます。検討します。

２　仮想通貨・金の譲渡

S社長　ところでTさん，先日，仮想通貨を売却したのだけれど，この売却益は税務上は何所得となるのかね。

Tさん　えーと，ちょっと待ってください。仮想通貨取引により生じた利益は雑所得となります。

S社長　仮想通貨は株式と同じではないんだ。

Tさん　違います。なので，損失が出た場合には，他の所得と通算することはできませんので，注意してください。

S社長 では，仮想通貨を譲渡した場合には，消費税は課税されるのですか。

Tさん 消費税法上，支払手段及びこれに類するものの譲渡は非課税とされています。

S社長 なーんだ，金の取引と違うね。

Tさん S社長，金も持っているのですか。

S社長 そうだよ。これもインフレ対策です。先日，金が急騰したので，売却したのだよ。そうしたら，消費税10％が上乗せされ，さらに儲かった。金の譲渡益の所得区分は何でしょう。

Tさん 原則，「譲渡所得」になります。給料等の他の所得と合算することができ，総合課税の対象になります。譲渡所得では50万円の特別控除を受けることができますので，売却益が50万円以内の場合には実質非課税です。

・保有期間が5年以内の場合は短期譲渡所得

短期譲渡所得金額＝譲渡価格（売却価格）－取得費・譲渡費用（購入価格＋手数料）－特別控除額（50万円）

・保有期間が5年超の場合は長期譲渡所得

短期の計算式で求めた所得金額の2分の1に課税。

長期譲渡所得金額＝「譲渡価格（売却価格）－取得費・譲渡費用（購入価格＋手数料）－特別控除額（50万円）」×1/2

また，譲渡損失が生じた場合でも他の譲渡所得とその範囲内で損益通算ができます。なお，金を保有するのであれば，値上がりしても利益50万円を超えない水準での単位で購入することをお勧めしますよ。

S社長 なんだ，買うときにアドバイスしてほしかったな。

3 美術品

S社長　では，金の仏像やプラチナの指輪などは税務上では，どのように取り扱いますか。

Tさん　それは，美術品の部類に入ります。古美術品等のように歴史的価値又は希少価値を有し，代替性のないもの，また，これら以外で取得価額が1点100万円以上であるものは，時の経過によりその価値の減少しない資産として取り扱うとされています。すなわち，減価償却資産としては取り扱いません。

S社長　それはそうでしょう。では，譲渡利益は何所得になりますか。

Tさん　先ほどお話しした金と同様に譲渡所得です。こちらも値上がりしても利益が50万円を超えないレベルの単位で購入すれば非課税となります。また，損失が生じた場合でも，他の譲渡所得とその範囲内で損益通算できます。

S社長　ああ，どうして，早く教えてくれなかったの。

ヒヤリ防止の処方箋！

① 仮想通貨や金を購入することは，インフレのための防衛策となる。

② 預金ドルで持つことや，住宅ローン金利を固定にしておくことも防衛策のひとつになる。

③ 仮想通貨の譲渡益は雑所得となり，損益通算不可。

④ 金・美術品の譲渡益は譲渡所得となり，利益が50万円までは課税されない。

⑤ 金・美術品の譲渡損は，他の譲渡所得とその範囲内で損益通算可能である。

（辻村　茂樹）

File
3

相続空き家の3,000万円
特別控除

▨はじめに────────────────

　高齢化社会が進む昨今，増え続ける空き家が問題となっています。一人暮らしの被相続人の死亡後にそのまま放置され空き家となってしまうことがその原因の一つに考えられます。そこで，被相続人が居住していた空き家を売却しやすくする空き家対策の一環として平成28年に創設されたのが「相続空き家の3,000万円特別控除」です。今回はこの相続空き家の3,000万円特別控除の適用に当たってのとんだヒヤリハットをご紹介します。

■　ある日の午後，ある税理士事務所で

担当職員　所長，Ａ様とＢ様が相続されたご実家を売却されるそうです。

所長先生　そうですか。Ａ様，Ｂ様でご実家の建物と土地を共有で2分の1ずつ相続をされていましたね。譲渡所得税の試算をして概算の税額をお伝えしてください。

担当職員　亡くなられたお母様はお一人でお住まいでしたから「相続空き家の3,000万円特別控除」が使えますね。

所長先生　適用要件を確認しましたか？

担当職員　譲渡対価はそれぞれ4,000万円ですので1億円は軽くクリアしています。

所長先生　共有者全員の譲渡対価を合計しての判定ですよ。売買契約書の金額です。今回はお2人で8,000万円になりますね。ここは，共有持ち分前で考えますよ。

担当職員　あ，そうで
した。（まぁ，どち
らにせよ1億円以下
だから問題なし）で
も，控除額が3,000
万円ですよね。お2
人で3,000万円では
少ないですよね。

所長先生　いやいや，
控除額はお1人が3,000万円ですよ。お2人ですと6,000万円にな
りますね。

担当職員　あ！　勘違いしていました。（3,000万円ってそういうこ
とか）

所長先生　条文を再度確認してください。先入観，思い込みは適用
誤りの原因ですよ。

担当職員　はい！

●相続空家の3,000万円特別控除の概要

　相続又は遺贈により取得した被相続人居住用家屋又は被相続人居
住用家屋の敷地等を平成28年4月1日から令和5年12月31日までの
間に譲渡し，一定の要件に当てはまるときは，譲渡所得の金額から
最高3,000万円まで控除することができます。被相続人の居住用財
産（空き家）に係る譲渡所得の特別控除の特例（相続空き家の3,000
万円特別控除）といわれています。

●特例適用のための要件

　相続空き家の3,000万円特別控除を適用するための要件は以下の
とおりです。また，被相続人が老人ホームに入居していた場合には，
一定の条件を満たすときは相続空き家の3,000万円特別控除の適用
対象となります。

[適用要件]

1.	相続開始直前において被相続人が一人で居住していたこと
2.	その家屋（マンション等の区分所有登記がされた建物を除く）が昭和56年5月31日以前に建築されたものであること
3.	相続開始の時から譲渡の時まで，貸付けの用，居住の用に供されていないこと
4.	平成28年4月1日から令和5年12月31日までの間に譲渡すること
5.	譲渡をする時点で建物が一定の耐震基準を満たすものであること，又は，建物を解体して更地で譲渡をすること
6.	相続開始の時から3年を経過する年の年末までの間に譲渡すること
7.	譲渡対価の額が1億円以下であること
8.	配偶者や直系血族など特別の関係がある者への譲渡でないこと
9.	「相続税の取得費加算の特例」や「収用交換等の特例」などの適用を受けていないこと

●共有で相続した被相続人居住用家屋とその敷地等を売却した場合の注意点

　本設例のように，お2人でご実家の土地・建物を共有で相続をした場合の相続空き家3,000万円特別控除の適用については，以下の点を注意する必要があります。

○　特別控除額

　相続空き家の3,000万円特別控除は，相続人1人当たりにつき3,000万円の控除額となります。相続人が2人で被相続人居住用家屋とその敷地等を共有で相続をした場合，それぞれが3,000万円を限度として，それぞれの売却益について，3,000万円特別控除を受けることができます。

○　譲渡対価の額の判定

　相続空き家の3,000万円特別控除が適用となる譲渡対価1億円の判定に当たっては，他の相続人が一定期間内に譲渡した対価の額も含めてこの1億円の判定を行います。共有で相続をした場合に共有者もその持分を譲渡したときには，その共有持分の対価の額も1億円判定の対価の額に含まれます。共有で譲渡した場合であっても売

買契約書に記載の譲渡代金で判定されます。なお，固定資産税の精算金も含まれますので注意が必要です。

○　家屋とその敷地の両方を取得すること

　相続空き家の3,000万円特別控除が適用となる相続人とは，相続等により，被相続人の居住用家屋とその敷地の両方を取得した相続人に限られます。相続等により被相続人の居住用家屋のみ又はその敷地等のみを取得した相続人はこの特例の適用はありません。

　被相続人の建物と土地の両方を相続して譲渡することが条件となります。家屋は長女が相続をし，土地は長女と次女とで共有相続した場合には，長女には特例の適用がありますが，次女には適用はありません。共有で相続をする場合には持分の持ち方も注意をする必要があります。

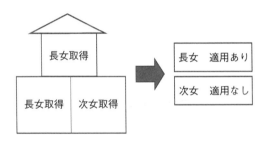

　所長先生との会話とはいえ，譲渡対価1億円以下の判定は共有持ち分後，特別控除額も2人で3,000万円と思い込んでしまった担当職員さん，とんだヒヤリハットでしたね。

ヒヤリ防止の処方箋！

・共有は，いつも共有持分で分けるという先入観に注意
・3,000万円という数字の思い込みは捨てる
・何の気なしは NG，条文を確認
・他の人にチェックしてもらうことも大切

（下見　佐和子）

留保金課税って関係あります？

　留保金課税とは，同族会社で配当を行わない場合に，会社にたまっていく利益（内部留保）に課税する制度です。行き過ぎた内部留保は，租税回避につながる（配当で生じる個人の所得税を回避する行為）と考えられることからできた税制です。

　しかし，多くの中小企業は租税回避をするつもりはなく，将来のリスクに備えて社外流出を最小限に抑えようとしているのではないでしょうか。この税制を知らなかったために思ってもいない負担が生じてしまうかもしれません。今回はそんなヒヤリについてのお話です。

■　まずは仕組みを理解しましょう

担当者　先生こんにちは。想定外のことが続いた大変な1年でしたが，お蔭様で今期も黒字で着地しそうです。

税理士　本当に素晴らしいことですね。ただ今回の利益を拝見しますと，そろそろ留保金課税の対策が必要となりそうですね。

担当者　留保金課税？

　会社は順調に黒字経営を続けているようですね。一方で会社の担当者は留保金課税についての知識がないようです。

　まずは留保金課税がどのようなものかをおさらいしてみましょう。

●留保金課税とは？

　留保金課税とは，同族関係者（＊１）１グループで株式等の50％を超えて保有している会社（特定同族会社＊２）が，内部留保した金額に対して，追加的に課税される制度です。

＊１　同族会社とは３グループ以下の株主等で持株割合が50％を超える法人，同族関係者はその株主と特殊な関係にある者です。

＊２　特定同族会社とは，さらに同族関係者１グループで株式等の50％を超えて保有している場合です。なお，株主グループに，法人株主で被支配会社（上位１株主グループで，持株割合が50％超となる会社）ではない法人株主が含まれる場合は，この法人株主を除外して判定します。

　つまり一人の株主が，100％の株を所有しているオーナー会社などは特定同族会社に該当しますが，複数の株主が存在する場合はそれぞれの持株割合と，さらに法人株主の場合はその法人が被支配会社かどうかの確認が必要です。

税理士　御社は海外の親会社に100％所有されていますから同族会社に該当し，さらに親会社の株主も少数株主で過半数を所有しています（被支配会社の株主に該当）ので，特定同族会社になるのです。

　利益（留保金課税額）に対して課税が生じてしまう可能性があるのです。詳しくは次頁の図表をご覧ください。

担当者　なるほど，留保控除額を引いても残ってしまう金額に10％以上の追加の税金が発生するということですね。これは大きなインパクトですね。

税理士　ですので利益を見ながら配当を出すのか，ITや人材に投資をするのか，期中から注意をしていく必要があります。

担当者　よくわかりました。ところで今いただいた資料に，留保金の課税の対象となるのは特定同族会社のうち，資本金が１億円を超える会社になったと書いてあります。そうすると弊社の資本金

●図表

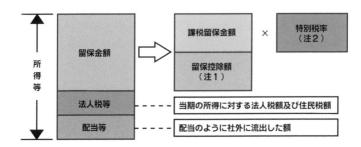

留保金額に対する税額＝[所得等－（配当等＋法人税等）－留保控除額]×特別税率
　　　　　　　　　　　　　　　　　　　　　　　　　　（注1）　　　　（注2）

（注1）留保控除額は、次に掲げる基準額のうち最も多い金額です。

所得基準額	所得等の金額×40％
定額基準額	年2,000万円
積立金基準額	期末資本金×25％－期末利益積立金

（注2）特別税率

課税留保金額	税率
年3,000万円以下の金額	10％
年3,000万円超 年1億円以下の金額	15％
年1億円を超える金額	20％

（中小企業庁HPより）

は1千万円なので，この制度は適用対象外と考えていいのではないでしょうか？

税理士　確かに平成19年度改正で，資本金1億円以下の中小同族会社については，留保金課税が撤廃されたのです。ただ一方で，資本金の額が5億円以上の法人等の100％子法人は除かれることとなっています。このため，御社のように親会社の資本金が大きいと残念ながら適用となってしまうのです。

担当者　そうですか，残念ですがご指導いただいたとおり，今後は留保金課税の可能性を頭に入れて財務状況を見るようにします。

*

　留保金課税が適用になる会社でしたが，事前に対策ができそうで良かったですね。留保金課税は改正で対象となる会社がぐっと減りましたが，今回のように親会社の資本金が大きいところは注意が必要です。

ヒヤリ防止の処方箋！

　留保金課税の適用有無を知るためには，株主の状況を正確に把握することが大切です。株主状況に変更はないか，また100％所有の場合は親会社の資本金も確認が必要となります。十分な余裕をもって確認作業を進めましょう。

（佐藤　直子）

気付かなかったデジタル遺産

　数年前までは，「暗号資産（仮想通貨）って何？」という方も多かったかもしれませんが，現在では暗号資産をお持ちの方も増えていると思います。先日，テスラのイーロンマスク氏がTwitter投稿をしてニュースになり，価格が乱高下したため，暗号資産を所有されている方はヤキモキしたのではないでしょうか。この暗号資産については，平成29年に税務上の取扱いが明らかになりましたが，もし相続の際に，被相続人が所有していることを相続人が知らなかった場合には，申告漏れになってしまいます。

■　忘れていませんか？　デジタル遺産

顧客　ようやくこれで相続税申告が終わりますね。父が亡くなり悲しんでいる暇もないくらいで，資料集めも大変でした。やっと肩の荷がおりて，少しは落ち着きますかね。

税理士　そうですね。確かにご相続が発生すると，相続人の方はやらなければならないことが多いので，想像以上に大変だと思います。申告が終わってどっとお疲れになられる方もいらっしゃいますので，少しご静養なさってください。

顧客　ありがとうございます。そういたします。ようやく父との思い出にも浸れますかね。……でも，父は高齢ではありましたが，パソコンが大好きでいろいろと楽しんでいたみたいです。私が疎いものですから，よくわからないのですけれど，なんて言いましたかね，あの何とか通貨も買ったりしていたようです。

事務員　仮想通貨ですか？

顧客　ああ，そうです。仮想通貨です！

税理士　そうでしたか…。仮想通貨，暗号資産ともいいますが，これをお持ちのご高齢の方は珍しいかもしれません。私どもも確認を怠ってしまい，失礼いたしました。暗号資産も申告が必要になりますので，必要資料のお取り寄せをお願いいたします……。

＊

お亡くなりになった被相続人はご高齢の方だったので，事務員も税理士も仮想通貨についての聞き取りをしていませんでした。

ご高齢の被相続人がインターネットを駆使して，暗号資産を所有されているケースは珍しいかもしれませんが，相続税申告においても念のための聞き取りを忘れてはなりません。

●デジタル遺産とは

デジタル遺産の明確な定義はありませんが，一般的には以下の遺産と考えてよいでしょう。

① 情報端末……パソコン，スマートフォン，携帯電話，タブレット，USB メモリなど

② ①に保存されているデータ……写真，原稿，楽曲等のデータ，情報など

③ インターネットを介して使用（利用）できる状態になるもの……いろいろなものが存在しますが，財産価値の観点から以下に分類しました。

　ア） 財産的価値が明確であるもの……ネット口座の預金，ネット証券内の資産〈株式や国債，FX・先物取引等の金融派生商品など〉，ネット保険，暗号資産（仮想通貨），任意組合型の不動産のクラウドファンディングなど

　イ） 財産的価値がないもの……SNS アカウント，メールアカウント，クラウドサービスアカウントなど

　ウ） その他……デジタル絵画，投資型クラウドファンディング，

プリペイドの電子マネー，ポイント，マイル，アフィリエイトのサイト（収益を生むもの等）その他クラウド上でのデータなど

　①については動産や家庭用財産として，②については著作権に該当するものは著作権として，③については，ア）は各財産の評価をすることになります。任意組合型の不動産クラウドファンディングは不動産所有のため，不動産を財産評価します。③イ）は財産性がないので手続としてのアカウントの引継ぎ，もしくは，閉鎖などが必要でしょう。③ウ）の財産のうち，規約等により返金されるもの，実態に応じ評価するものは相続財産として計上します。また，デジタルアートは，財産的価値があるものと交換できる場合は，所得税の課税対象となりました。さらに，クラウドファンディングは，その内容に応じ財産性の有無について確認が必要です。配当や分配等の利益を得る場合は所得税等の課税対象です。その他，財産性がなく返金等もないものは現状で申告は不要と思われます。評価が未整備のものは，今後法整備がされることも考えられますので，情報のアップデートを欠かさないようにしましょう。

（参考）　国税庁HP「No.1525-2 NFTやFTを用いた取引を行った場合の課税関係」（補足）匿名組合契約に係る権利の評価

●デジタル遺産の発見・調査など

　相続人がデジタル遺産の存在すら知らないケースもあると思います。また，知っていたとしても，IDやパスワードを知らなくてログインできない問題などが想定されますが，やはり生前にご本人が相続人等に必要な情報を管理，伝達しておく必要があります（生前対策の時点でアナウンスしておくと良いでしょう）。ネット預金や証券などは，その存在が把握できれば現状でも金融機関等への問合せにより相続税申告に困ることはありません。暗号資産（仮想通貨）はIDやパスワードがわからなくても課税対象です。

　パソコンや携帯電話のパスワード等が不明でログインできない場

合には，費用はかかりますが，専門の企業へ依頼して解除をしてもらう方法もあります。ただし，いずれも複数相続人がいる場合には，各相続人の同意を得て行うことが望ましく，後の紛争などにならないように注意すべきでしょう。

　不正アクセス禁止法との関係では，オフラインで解除を行うことには問題がないと考えられているようです（不正アクセス行為が「電気通信回線を通じて」の行為を要件としているため）。

（参考）著作権

　WEB サイト等に自身で創作した文章，写真，楽曲などアップしている場合は，これらも著作権の対象となり得るものですし，デジタル遺品の範疇に含まれると考えることができます。印税ではなく別の形で収益を得ているものについては，著作権として保護されるものかどうかの検討は必要かと思われます。

　ちなみに著作権については，令和 3 年 1 月から法改正となりインターネット上に違法にアップロードされたコンテンツをダウンロードすることは違法となりました。サブスクリプションサービス（商品やサービスに対し個別に対価を支払うのではなく，月額制のように一定期間継続的に対価を支払って自由に製品やサービスを利用するビジネスモデルのこと）の普及で，権利者の許可なく違法にアップロードされたコンテンツ（侵害コンテンツ）が掲載された海賊版サイトについては，クリエイター等製作者側の利益を多大に損ねるため，このような法整備が行われました。規制範囲は音楽，映像，漫画，雑誌，小説，写真，論文，コンピュータプログラムなど全ての著作物に拡大されています。

＜参考文献＞

北川洋一『デジタル遺産の法律実務 Q&A』（日本加除出版）

古田雄介『デジタル遺品』（技術評論社）

WEB サイト：https://www.bunka.go.jp/seisaku/chosakuken

　https://www.gov-online.go.jp/useful/article/202012/3.html

ヒヤリ防止の処方箋！

・暗号資産などのデジタル資産についての聞き取りも忘れない。
・生前対策時に遺産整理のアナウンスをする。
・デジタル遺品については現状での法律にあてはめて申告を検討する。

（中上　純）

簡易課税の事業区分でヒヤリ

▨はじめに

　消費税の簡易課税において，事業区分は最も特徴的な論点と言えるでしょう。そして，この事業区分は日本標準産業分類に基づきながら，日々の取引ごとに事業区分を判断しなければならず，取引によっては，その判断に頭を悩ませることもあります。

　これを，税理士だけではなく，入力担当スタッフや顧問先の経理担当が日常業務として処理するのですから，多くの落とし穴が待ち構えていることでしょう。

■ 「墨出し」は第四種事業？

　建設業関係の顧問先から，新規顧客（A社）の紹介がありました。それまで，顧問税理士がなく，毎年，社長自身が申告していたようです。業務内容は「墨出し」と言われるものです。これは，建設工事などの際に，壁・柱・床などの中心線の位置や仕上げ面の位置に印をつける作業で，建設現場においては欠かせない業務とされています。

　現場では，墨つぼや，レーザー機器などを使用し，基本的に材料など発生しないのが一般的です。そこで，役務提供のみの第四種事業として消費税の試算をしたところ，原則課税よりも簡易課税のほうが有利と判断し，簡易課税に変更しました。

　ところが，この判断は，大きな思い込みであったことに後で気付くことになります。

いよいよ，決算作業に入った頃です。

スタッフ　建設業もいろいろな作業があるんですね。墨出しって初めて知ったんですが，設計図面を，建設現場で原寸大に正確に再現するような作業のイメージですかね。

所長　多分そんな感じだね。建設現場では欠かせない重要な作業だから，比較的売上が安定しているし，消費税の判定をしたら，原則課税よりも簡易課税のほうが有利だったから変更したんだよ。

スタッフ　取引の種類が単一区分だけですし，試算しやすいですよね。

所長　そうだね。基本的に材料がない役務提供だから，簡易課税の第4種事業だね。

スタッフ　他のお客さんのB社（建築士）は第五種事業（サービス業）なのに，建設現場での墨出しは第四種事業……というのも，どういう違いがあるんですかね？

　スタッフのその一言で，嫌な予感がよぎりました。そもそも，建設業の区分で正しかったのかと。

●解　説

　事業者が行う事業の区分は，原則として，それぞれの資産の譲渡等ごとに判定を行うことになります。また，第三種事業，第五種事業及び第六種事業の範囲については，おおむね日本標準産業分類（総務省）の大分類に掲げる分類を判定の目安としています（消基通13-2-4）。

　今回の事例では，作業場所が建設現場での役務提供だったため，当然に「建設業」であるという思い込みが，大きな落とし穴となりました。調べてみると，一見して建設業と思われる業種でも，日本標準産業分類上はサービス業（第五種事業）に区分されるものがあり，「墨出し」もサービス業に区分されることが判明しました。

【簡易課税制度の事業区分の表】

事業区分	みなし仕入率	該当する事業
第 一 種	90%	卸売業（他の者から購入した商品をその性質，形状を変更しないで他の事業者に対して販売する事業）
第 二 種	80%	小売業（他の者から購入した商品をその性質，形状を変更しないで販売する事業で第一種事業以外のもの），農業・林業・漁業（飲食料品の譲渡に係る事業）
第 三 種	70%	農業・林業・漁業（飲食料品の譲渡に係る事業を除く），鉱業，建設業，製造業（製造小売業を含む），電気業，ガス業，熱供給業及び水道業をいい，第一種事業，第二種事業に該当するもの及び加工賃その他これに類する料金を対価とする役務の提供を除く。
第 四 種	60%	第一種事業，第二種事業，第三種事業，第五種事業及び第六種事業以外の事業（具体的には，飲食店業など）（第三種事業から除かれる加工賃その他これに類する料金を対価とする役務の提供を行う事業も第四種事業に該当）
第 五 種	50%	運輸通信業，金融・保険業，サービス業（飲食店業を除く）ただし，第一種から第三種に該当する事業を除く
第 六 種	40%	不動産業

日本標準産業分類（平成25年［2013年］10月改定）

大分類	中分類	小分類	細分類	
L 学術研究，専門・技術サービス業	74 技術サービス業（他に分類されないもの）	742 土木建築サービス業	7421	建築設計業
			7422	測量業
			7429	その他の土木建築サービス業

e-Stat：日本の統計が閲覧できる政府統計ポータルサイトより

　建設現場においては，その他にも，建設機材のリースは第五種（物品賃貸業），オペレータ付きリースなら第四種，建設機材の運搬なら第五種（運送業）などの事業区分も存在します。原材料の支給の有無により，第三種か第四種かの判断にばかり気を取られていると，今回のような判断ミスが発生してしまいます。かろうじて，簡易課税の有利不利の判定が覆るまでには至りませんでしたが，事業区分の判定の重要性を再認識させられました。

　消費税の簡易課税において，事業区分は重要なポイントになりま

す。特に建設業や，修理業，不動産業など，複数の事業区分が頻出する業種は注意が必要です。主要取引の事業区分が間違いだった場合にはその被害は甚大で，信用問題に直結します。また，顧問先の経理担当者や会計事務所の入力担当者用に，消費税の事業区分表（マニュアル）を作成するケースがありますが，マニュアル自体が間違いだった場合には目も当てられません。

　日本標準産業分類については，e-Stat（ポータルサイト）のキーワード検索で，大・中・小・細分類や，具体的説明・事例なども調べられるため，有効に活用したいものです。

　特に新規顧問先については，最初が肝心ですので，事業区分の想定範囲を広く，かつ慎重に判断しなければなりません。

ヒヤリ防止の処方箋！

・建設業の事業区分の判断は第五種事業も想定する。
・マニュアル作成は複数人のチェックが有効。

（高橋　勤也）

生命保険金でヒヤリ

▨はじめに

　生命保険金は，分割協議の対象とならず，その受取人固有の財産となります。これを知らずに，受取人が，他の相続人に保険金を分けてしまい，ヒヤリとした事例をご紹介します。

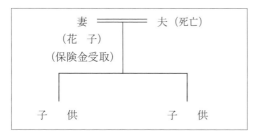

（わかっている財産の内訳）

　生命保険金　　　6,000万円（受取人：妻）

　自宅（土地）　　3,000万円

　預金　　　　　　1,000万円

1 　依頼者花子さんと税理士の会話

花子さん　主人が亡くなりまして，相続税の申告をお願いしたいのですが，私は，自分の親から相続した自宅の建物と預金が結構あります。だから，お金は，子供二人にあげたいと思っています。自宅の土地は，私が住んでいるので，私が相続したいと思います。

税理士　わかりました。自宅は，配偶者，預金はお子さまが半分ずつの取得でよいですね。生命保険金の明細を見せていただけませんか。

花子さん　生命保険金の受取人は，私ですが，二人に3,000万円ずつ分けました。家のローン返済に使うと言っていました。

税理士　…（ヒヤリ）あ〜，そうですか。

生命保険金は，受取人固有の財産になるので，他の相続人に分けてしまうと贈与税がかかります。3千万円だと1,035万5千円もの贈与税を納めなくてはなりません。

花子さん　え！　じゃあ，私が払います。

税理士　…。この贈与税は，お金をもらったお子様が収めないと，また，贈与税相当額のお金をもらったことになり，その分もお子様が贈与税を納めなくてはなりません。

花子さん　じゃあ，どうしたらよいですか？

② 代償分割を提案

税理士　贈与税は，税率が高いので，相続税を納めた方が税金は安いです。

　代償分割と言って，相続税の分割対象となる財産すべて（自宅，預金）を花子さんが取得する代わりに，代償金をお子様に支払うことにすれば，税金はかなり安くなります。

花子さん　安くなる方法でお願いします。

税理士　代償分割にするには，取得した分割対象の相続財産を超える額の代償金を支払った場合（分割対象財産＜代償金）は，その超えた部分の金額は，贈与となります。

　生命保険金は，分割対象外（受取人固有の財産）なので，保険金以外の財産（自宅3,000万円と預金1,000万円の合計）4,000万円を限度に代償金の支払が可能です。保険金で6,000万円支払っているので，超えた金額2,000万円が贈与税の対象となってしまいます。

③ 他の財産があるか尋ねる

税理士 保険をたくさん掛けていたようですが，今回，保険金が下りなくても，契約者がご主人で，被保険者が配偶者又はお子様という保険はありませんか？

花子さん あります。今回，保険金は下りませんが，契約者を主人から私に名義変更した保険があります。解約返戻金相当額2,000万円と書いてありました。もらってないのに相続税がかかるのですか？

税理士 はい。契約者がご主人で，保険料を支払っていたのもご主人なので，生命保険契約に関する権利を相続したことになります。この保険は，分割財産の対象となり，2,000万円財産が増えます。そうすると，本来の相続財産は，6,000万円となり，花子さんが全部取得する代わりに代償金として，お子様にそれぞれ3,000万円ずつ支払う分割内容であれば，贈与税はかかりません。ただし，お子様にそれぞれ78万4,600円の相続税がかかります。小規模宅地の特例，配偶者の税額減額が使え，先ほどの贈与税1,035万5,000円に比べると遥かに税金が安くなります。

4 まだ財産が！

花子さん 相続税と贈与税で全然違うんですね。ところで，私が契約者，被保険者で保険料を払っていたのが主人の保険があります。解約返戻金相当額が1,000万円です。

この保険も相続税の対象になるのですか？

税理士 まだ，ありましたか！ はい，この保険も対象になります。

花子さん この保険も相続財産になるのであれば，相続財産が1,000万円増えるから，預金1,000万円を子供たちに代償金として払えませんか？

税理士 払えません。

花子さん どうしてですか？

税理士 契約者がすでに花子さんになっている場合は，花子さんの

固有の財産であり，分割財産の対象ではありません。ただし，保険料を払っていたのは，ご主人なので，この保険の権利を相続で取得したものとみなして生命保険金と同じように，相続税の計算に入れます。

花子さん　みなすのであれば，生命保険金のように，非課税の規定はあるのですか？

税理士　残念ながらありません。

花子さん　難しいですね。でも贈与税を払わずに済むのでよかったです。

ヒヤリ防止の処方箋！

① 代償分割は，本来の相続財産を超える額を代償金で支払った場合は，贈与となるので，みなし相続財産がある場合は，要注意！

② 下記保険は，契約者が被相続人以外で，みなし相続財産となる。分割協議対象外なので要注意！

(1) みなし相続財産（分割対象外）

　　契約者：相続人（被相続人以外）

　　被保険者：相続人（　　〃　　）

　　保険料負担者：被相続人

(参考)

(2) 本来の相続財産（分割対象）

　　契約者：被相続人

　　被保険者：相続人（被相続人以外）

　　保険料負担者：被相続人

（奈良　真美）

22 非居住者のオンライン講演

▒はじめに────────────

　コロナ禍で，対面の機会がすっかり減りました。読者のみなさまも会議や打合せ，研修の多くをオンラインで行うようになったのではないでしょうか？

　さて，今回はそんな中，ある会社で行ったオンラインセミナーについての事例です。

　顧問税理士と会社の経理担当者の会話を見てみましょう。

---

❶　オンライン講演と源泉税

経理担当者　今回，初めて関係先や一般の方々を対象にして当社の専門技術に関連したセミナーを開催しました。計画当初は，参加者を集めて会場で行う予定だったのですが，コロナ禍に重なってしまったので，予定を変更してオンライン開催することになり……，延期や計画変更などがあって，いろいろ大変でしたが，なんとか開催できてほっとしています。

税理士　無事終わってよかったですね。大成功と聞いていますよ。

経理担当者　オンラインということで，うまく聴衆に伝わるか心配だったのですが，おかげさまで評判は良かったようです。会場費がかからないなど，コストの面でもかなり抑えられたので，もし今後開催するときも，オンラインになるかもしれません。

税理士　時代は変わりましたね。ところで，今回は複数のセミナーが開催され，講演者もたくさんおられますね。講演者のリストはこちらになりますか？

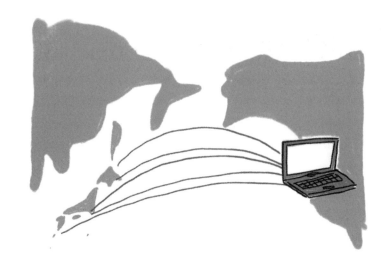

経理担当者 はい，主に大学の先生になります。謝礼金の支払はこれからですが，個人の方なので源泉税は10.21％でいいですよね。

税理士 そうですね。オンラインでも講演料には変わらないので，講師の方への謝金は100万円以下なら10.21％の源泉税を徴収すれば大丈夫です。……あれ？　こちらの講師の方は外国の大学の先生ですね。

経理担当者 あ，そうなんです。日本の方ですが，数年前からアメリカの大学に所属していて，住所もアメリカです。今回も現地からオンラインで講演してもらいました。

税理士 （あれ？　オンラインでの講演は国内で配信されたのだから国内源泉所得になる？　非居住者の源泉徴収は20.42％になるんだっけ？）

＊

　最近，オンラインの取引が増えてきたので判断に迷うことが多くなりました。

　今回のように非居住者がオンライン上で行う講演についての源泉所得税の取扱いはどうなるのでしょうか。

2 　国内源泉所得とは

　大学教授などに講演料を支払うときは，報酬・料金等として所得税及び復興特別所得税を源泉徴収しなければなりません。

　居住者については，原則として日本国内はもちろん国外において稼得した所得も課税対象とされますが，非居住者については，日本国内で稼得した「国内源泉所得」のみが課税対象とされます。

　さて，今回の講演料は国内源泉所得にあたるのかどうかですが，結論としては国内源泉所得にあたらず源泉徴収は不要となります。

　所得税法では，今回の講演は自由職業者に関する規定が適用されることとなり，国内源泉所得は次のように規定されています。

国内源泉所得の範囲（所法161①六）

　国内で行う人的役務の提供を事業とする者の，その人的役務の提供に係る対価

・映画俳優，音楽家等の芸能人，職業運動家

・弁護士，公認会計士等の自由職業者

・科学技術，経営管理等の専門的知識や技能を持つ人

　ここでいう「国内で行う」というのは，来日して実際に行う行為となります。

　したがって，オンライン上で国内に配信されていても，非居住者が外国で行った講演については国内源泉所得にあたりません。

3 　来日して講演を行った場合

　では，実際に来日して講演を行った場合はどうでしょうか？

　その場合は国内源泉所得になりますので，国内法では20.42％の源泉徴収が必要となります。

　ただし，今回の事例のようにアメリカ在住者であれば日米租税条

約の規定が優先されます。

　その場合は事前に「租税条約に関する届出」を行えば，日本では免税とされ源泉徴収の必要はありません（日米租税条約3①(e)(g)，7）。

ヒヤリ防止の処方箋！

> ①　非居住者がオンライン上で行う講演は国内源泉所得にあたらない。あやまって源泉徴収を行わないよう注意！
> ②　非居住者が来日して行う講演の場合は，事前に租税条約の確認を！

（森近　真澄）

決算期の変更に伴う申告期限の延長届はいつまで？

▨▨はじめに

　決算期の変更はしばしば行われることでしょう。いつどのような手続を行う必要があるのかを検討していきたい。また，法人税の申告期限の延長手続を行うことで決算後最大４か月まで申告期限の延長が可能になっています。消費税の申告期限の延長手続も令和２年の改正で１か月まで認められるようになった。申告期限の延長申請をいつまでに行う必要があるか，決算期の変更とあわせて迷った事例をご紹介します。

1　グループ会社の変更にあたり決算期の変更の相談が

会社側　ご存じのとおり，親会社が変わりまして。今後，３月決算にすべきということになりました。決算期の変更を行いたいです。

税理士　そうですね。グループベースでの収支を確認するためにも決算期の変更は必要ですよね。現在は９月決算ですので，これを３月決算に変更する。手続としては，臨時株主総会を開いて，定款変更すればよいです。法人登記の記載変更はないです。臨時株主総会が終わり，定款変更が完了したら，税務署に変更届を提出します。

会社側　現在，×１年10月から始まって，今日は×２年６月×日。現在９か月を経過しました。３月決算というと，いつ決算作業を行うことになりますか。

税理士　実務的には，×２年９月と×３年３月で２回決算申告作業を行うことになります。会社法では，決算期の変更の場合は最大

18か月決算が認められています。しかし，法人税は最大1年で決算する必要があります。消費税も同様です。

——それから，×2年10月になった。決算期の変更手続は終わったが……。

会社側　親会社から決算総会を6月に行うように変更を言われました。

税理士　外部監査の事情等で3か月総会になることはわかりました。法人税・消費税の申告と納税も3か月に延長はできます。6月末までに申告と納税をすることになります。ただ，利子税というものがあって，5月末から1か月納税が遅れることで，会社の費用負担が増えます。実務的には2か月で決算作業を終わらせて，見込みで納税をしますね。外部監査もあるということですので，決算作業は今までどおりのスケジュールで行うことが良いと思いますが。

会社側　そうですか。少しは余裕ができると思っていましたが……。

税理士　あと，申告期限の延長の手続をしませんと。ただ，×2年9月の延長申請はもうできません。今までどおりの11月までに納税と申告が必要になりますね。

会社側　今までと変わりませんね。決算作業を急ぎます。

2 解　　説

　決算期は，定款に定められている事項である。そして，登記事項にはなっていない。よって，定款変更手続ができれば，容易に決算期の変更は可能である。会社法を前提にすると株主総会の特別決議案件である。中小企業であれば，特別決議もそれほど難しいことはないと考えられる。会社の規模や株主の状況によっては，しっかりとした対策を必要とすることもあるだろう。また，医療法人等は定款変更が役所の許認可事項である。このような特殊なケースは，作業時間を確保した上での対応が求められる。

　今回のように，9月決算を3月決算に変更するような場合，変則的ではあるが事業年度が18か月までは会社法上は認められる（会社計算規則59②）。今回の相談のケースでは，×3年6月に決算総会を行い，18か月決算で報告することになる。

　法人税の申告及び消費税の申告（課税期間の短縮がない場合が前提）は，注意が必要である。法人税法においては，1年を超える事業年度は認めておらず，最大1年間となる。今回のケースでは「×1年10月～×2年9月」と「×2年10月～×3年3月」の二つの事業年度で法人税の申告を行うことになる。消費税についても同様であり，法人税の申告とあわせての申告が必要になる。申告手続と納税を行う回数が増えることに注意が必要である。

　申告期限の延長手続は，最初に申告期限の延長を受けようとする事業年度末（連結の場合と異なる）までに「申告期限の延長の特例の申請」を提出する必要がある。消費税についても同様の時期までに「消費税申告期限延長届出書」を提出する必要がある。今回のケースでは，×3年3月の決算申告からの申告期限の延長となるので，×2年9月の決算申告においては，延長手続は認められていない。したがって，×2年11月末までに申告と納税が必要になる。

ヒヤリ防止の処方箋！

□決算期の変更は，会社の規模・株主の状況・適用法令を検討して準備する。

□法人税及び消費税の申告の事業年度は最大で1年となる。それより短い事業年度の申告は可能である。

□申告期限の延長手続は，適用を希望する事業年度末までに提出することが原則である。

□消費税延長申請は法人税の延長と一緒に行う必要がある。そして，消費税の延長期間は1か月のみである。

□利子税の発生も考慮し，2か月以内の見込み納付を検討すべきである。

（空本　光弘）

24 居住用財産の3,000万円特別控除
—所有者として居住—

▨**はじめに**―――――――――――――――――――――――――

　居住用財産の3,000万円特別控除の規定は，自宅を売却する場合には同時に新たな自宅を取得することが考えられ，税負担の軽減を図ることを目的とした特例となっています。

　高齢化社会が進んだ昨今では，自宅を売却する目的が，老人ホームや介護施設への入居費用を賄うためというケースが増えています。老人ホームに入居をした後であっても，3年経過後の12月31日までに自宅を売却した場合には，居住用財産の3,000万円特別控除を使うことができます。

　今回は，自宅として居住をしていたのに老人ホームに入居したタイミングによって，居住用財産の3,000万円特別控除の適用が受けられなかったヒヤリハットを紹介します。

―――――――――――――――――――――――――――――――――

▮　ある日の午後，ある税理士事務所で

担当税理士　所長，A様がご相続されたご自宅を売却されるそうです。

所長税理士　A様は95歳でしたか？　ご長男がずっとご自宅で介護をされていましたね。A様の弟さんも同居でしたね。

　お二人を介護されていたご長男が先に亡くなられ，独身でしたから，母親のA様がその自宅を相続されるとは。世の中はわかりませんね。

担当税理士　A様はご長男が体調を崩され入院をされてすぐに老人ホームへ入られたそうです。老人ホームへ入ってから2か月くら

いでご長男が亡くなられたそうです。

所長先生　相続の前に老人ホームへ……。

担当税理士　はい，Ａ様は自宅の売却になりますので，成年後見人を選任して家庭裁判所の許可が必要だそうです。譲渡税は，居住用財産の3,000万円特別控除がありますから，税負担は抑えられますね。

所長税理士　う〜ん，相続前に老人ホームへ入られたのですよね。居住用財産の3,000万円特別控除は，所有者として居住していたことが要件になりますよ。

　相続によってご自宅を取得したのですから，自宅を取得した後，実際にその自宅に居住した事実がなければ特別控除は適用できませんよ。

担当税理士　えっ？　そうなんですか？　居住していただけでなく，所有していないと適用ができないのですか。いや，だって，ずっと住まわれていたのに。

所長税理士　たしか平成元年の最高裁の判例がありますから，確認をしてみてください。

担当税理士　はい（そんな……）。

② 居住用財産を譲渡した場合の3,000万円特別控除の特例（措法35①）

　個人の有する資産が，居住用財産を譲渡した場合に該当する場合には，その年中にその該当することとなった資産の譲渡に対する長期譲渡所得の金額又は短期譲渡所得の金額から3,000万円が控除されます。

　居住用財産を譲渡した場合とは，居住用家屋の譲渡又は居住用家屋とともにするその敷地の用に供されている土地等の譲渡をいいます。

　居住用家屋とは，個人がその居住の用に供している家屋とし，そ

の者がその居住の用に供している家屋を二以上有する場合には，これらの家屋のうち，その者が主としてその居住の用に供していると認められる一の家屋に限るものとされています。

③ 譲渡した居住用家屋に所有者として居住していたこと

　居住用財産の3,000万円特別控除の適用に当たっては，譲渡家屋を所有者として所有していた期間に居住していたことが適用要件となっています。譲渡資産が相続財産であったときには，相続後にその譲渡資産に居住していた場合に限り適用されます。

　租税特別措置法上，所有者として居住していたという明確な規定は存在していませんが，この解釈にあたっては平成元年３月28日の最高裁判決があります。（以下抜粋）

　「当該個人が，当該家屋を，譲渡所得の帰属者の立場において，すなわちその所有者として居住の用に供していたことを右特別控除を認めるための要件とするものとみなければならない。……その所有権取得の原因が相続であっても，当該個人自身が所有者として当該家屋を居住の用に供していたことがない以上，異なるところはない。」

④ 今回のケースでは

　ご長男が所有されていたご自宅で長い間生活をしていたA様ですが，ご長男の相続後にご自宅を引き継ぎ所有者となったものの，A様ご自身は介護を受けるために老人ホームでの生活が余儀なくされ，所有者として居住することがなく，居住用財産の3,000万円特別控除を適用することはできませんでした。

　長寿社会となった現在，介護の問題が取りざたされています。今回のケースのような場合や，夫婦間で老々介護をする場合も多々あります。介護者に先立たれ残された本人は，老人ホームへ移らざるを得ません。そこに選択肢はありません。もはや，老人ホームは自

宅の延長ではないでしょうか。

　各種特例の適用に当たり，老人ホームの扱いに関しては，より要件が緩和されることを望むばかりです。

ヒヤリ防止の処方箋！

□居住用財産という文言だけで判断するのではなく，適用要件を
　確認する。
□明文規定がなくとも，その解釈までも注意をめぐらす。
□心情に流されない（辛いけれど）。

（下見　佐和子）

File
4

自社利用のソフトウェア制作

▨▨はじめに

　自社利用目的のソフトウェアを開発・制作している場合，会計上と税務上で資産計上の要否が異なる場合があります。

　会計基準では，将来の収益獲得又は費用削減が確実となる制作費について無形固定資産として計上することとされているのに対して，税務上は将来の収益獲得や費用削減が不明な場合も資産計上を求めています。

　また，令和3年度の税制改正で研究開発税制の適用範囲が変更されました。これにより自社利用目的のソフトウェア制作費も研究開発税制が適用される可能性があります。

1　研究費として全額費用計上できる？

H税理士　例のクラウドサービスの会社はどう？

K担当者　はい。現在制作中のクラウドサービスの開発も順調に進んでいるようです。経理担当者と連携をとって，外注費や人件費などの研究開発費を費用として計上しています。

H税理士　ん？　クラウドを通じてサービス提供をしている会社だったよね。会社が行っているのは自社利用目的のソフトウェアの制作で，会計と税務で資産計上するかどうか違う可能性があるよ。

K担当者　え？　研究費として全額費用計上できると思っていました。

H税理士　自社利用目的のソフトウェアは資産計上の要否が異なる場合があるから注意しないと。会計実務指針と法人税基本通達を

確認してごらん。

K 担当者 ほんとだ。将来に収益が獲得できるかどうか，あるいは費用の削減ができるかどうかが不明なときは会計と税務で処理が逆になります。

H 税理士 そうなんだ。会計実務指針にしたがって経理処理をした場合，税務調整が必要になるから気を付けないといけないね。

●解　説

　自社利用ソフトウェアの制作における会計処理の基準「研究開発費及びソフトウェアの会計処理に関する実務指針」は，第11項で「将来の収益獲得又は費用削減が確実と認められる場合は無形固定資産に計上し，確実であると認められない場合又は確実であるかどうか不明な場合には，費用処理する。」と規定しています。

　これに対して税務上の取扱いは，法人税基本通達 7 - 3 -15の 3 ⑵で「自社利用のソフトウェアの利用により将来の収益獲得又は費用削減にならないことが明らかな場合」に限って研究開発費として費用処理しソフトウェアの取得価額に含めなくてよいとしています。

　つまり，税務上は将来の収益獲得や費用削減に貢献しないことが確実となった場合に限って費用計上を認めているのに対し，会計上は収益獲得等への貢献が不明な場合でも費用計上とするよう求めており，注意が必要です。

自社利用目的のソフトウェア制作費

	将来の収益獲得または費用の削減に貢献すると認められるか		
	認められる	認められない	不明
会計	資産	費用	費用
税務			資産

2　研究開発税制の適用の改正

H 税理士 ところで，この会社のようにクラウドを通じたサービスの提供を行うためのソフトウェアを開発している場合，研究開発

税制の適用に改正があったことは知っている？

K 担当者　いいえ。勉強不足で申し訳ありません。

H 税理士　以前は，損金の額に算入される試験研究費が研究開発税制の対象だった。だから，ソフトウェアに係る研究開発費が資産計上として処理されると，損金算入の要件を満たせずに研究開発税制の適用対象外とされていたんだ。ところが，令和3年度の税制改正で，クラウドサービスを利用するためのソフトウェア開発費も研究開発税制の対象に加えられた。ただし，研究開発税制の対象となったからといってすべてが費用計上できるようになったわけではないから気を付けて。あくまで自社利用のソフトウェアであることに変わりはないからね。

K 担当者　はい。改めて見直して研究開発税制の適用を検討してみます。

●解　説

　自社利用ソフトウェアの取得について，令和3年度の税制改正前は「損金の額に算入される」試験研究費を研究開発税制の対象としていたため，資産計上となる自社利用ソフトウェアに係る研究開発費はその要件を満たせませんでした（改正前措法42の4①）。

　この点について令和3年度の改正では，研究開発費として損金経理した金額のうち，税務上資産計上となる自社利用ソフトウェアの取得価額に算入した費用の額も研究開発税制の対象となる試験研究費に追加されました（措法42の4⑲）。

　ただし，自社利用のソフトウェアに係る研究開発費が法人税基本通達7－3－15の3(2)に基づき資産計上となる場合についての判断は従前どおりですので，引き続き注意をしていく必要があります。

ヒヤリ防止の処方箋！

　令和3年度の税制改正を受けて自社利用目的のソフトウェアの制作費が税務上も損金として処理できると勘違いしているケースがあります。この改正は研究開発税制の対象範囲を広げたものであって，自社利用ソフトウェアに係る研究開発費が資産計上となるか否かの判定自体は従来と変わりがありません。

（駒沢　寿）

経営セーフティ共済への加入

　コロナ禍で関与先の業績がまだら模様の中，好調な会社も少なからずあるようです。こうした会社については，経営セーフティ共済への加入を検討するケースもあるかと思います。

■　コロナ禍でも利益

税理士　社長，今月末で決算ですが，決算の見通しはどうですか？

社長　お陰様で，好調を維持できていて，このままの調子で決算を迎えられそうだよ。いつまでもコロナ禍が収束しないので，巣ごもり需要が継続しているようだ。

税理士　ここまででも，当初の想定よりも利益が出ていますね。

社長　そうなんだ。何かいい節税の方法はないかな？

税理士　経営セーフティ共済という制度があります。

社長　どんな内容のものだい？

税理士　中小企業基盤整備機構が行っているもので，もともとは，取引先が倒産した場合に，掛金の10倍まで借入れが受けられる制度です。掛金が経費になるので節税を兼ねて利用する場合も多く見られます。

社長　掛金はどのくらいかな？

税理士　月額が最大20万円で，1年分の240万円まで一度に払い込めて，全額が経費となります。また，40か月経って解約した場合には，掛金の全額が戻ってきます。ただし，戻ってきた掛金は雑収入として会社の利益に足されますが。

社長　当期の節税にはなるわけだね。240万円か。分かった。それでは早速，準備しよう。

税理士　承知しました……。ああっ！

社長　どうした？

税理士　社長の会社には，ネット銀行しか口座がありませんね。

社長　そうだが。

税理士　決算月である今月中に，銀行窓口で払込みをしていただかないとダメなんです。

社長　困ったな……。

税理士　やはり，地場の信金・信組にも口座を作っておいた方が良かったですね。

社長　銀行借入れもしないから，要らないと思ってね。

●解　説

　経営セーフティ共済（倒産防止共済）は，中小企業基盤整備機構が行う売掛債権の回収不能に対応した貸付金制度ですが，掛金が損金算入されることから，中小企業の節税ツールとしても広く利用されています。特に年払いが可能なことから，想定以上に利益が出た会社が，期末に駆込みで払い込む方法もよく採られています。

　今回は，経営セーフティ共済の加入に際しての注意点を挙げておきましょう。

(1)　**期末での加入**

　決算月での加入の場合，加入時に金融機関の窓口で払い込む（当日出金する），「振込による前納」の方法を選択しなければなりません。「振込による前納」ではなく，「初回預金口座振替による前納」を選択してしまうと，決算日までには口座振替がされないため，当期での節税はできないことになってしまいます。

　また，取扱いできる金融機関については，ネット銀行以外でも，口座開設から1年以上取引があること，そうでない場合にはプロパー借入れがあること等の条件もあります。(※)

※こうした会社については，商工会議所や税理士協同組合経由での加入が可能な場合もあります。件の会社は，税理士協同組合経由にて無事に対処できました。

(2)　翌年の手続

年払いした1年後には，何の手続も採らないと，原則的な取扱いである月払いへと自動的に変更されます。

翌期も年払いとしたい場合には，「掛金前納申出書」の提出（口座振替月の5日までに中小機構へ到着）が必要となります。

(3)　別表の添付

これまでは申告要件の遵守が必ずしも厳密ではなかった面がありましたが，令和3年10月に会計検査院の指摘があったことにより，今後の申告の際には別表十（七）の添付が必須となります。

ヒヤリ防止の処方箋！

①　コロナ禍でも利益が出ている関与先はある。本業が好調な会社だけでなく，補助金等の受給を受けている会社にも注意。
②　経営セーフティ共済の新規加入で，最大240万円の損金算入が可能。ただし，申告の際には別表添付が要件。
③　期末での駆込み加入の場合には「口座振替」ではなく「振込」を選択。
④　取扱いできる金融機関もあらかじめ確認。
⑤　月払いに自動変更となるため，年払いの継続には機構への手続が必要。

（宮澤　博）

「収益認識会計基準」周到な準備を

▨はじめに

　収益認識会計基準が令和3年4月1日以後開始する事業年度から適用となります。これに合わせ，平成30年に法人税法が改正され，基本通達も公表されています。ここ数年，新型コロナウイルスの脅威の中，リーモートワークが中心となる働き方が主流となりました。在宅勤務中心のS税理士は，法人の期末決算に向けた対応に力が入っています。ところが，税理士事務所所長であるT所長との早朝リモートミーティングで，ヒヤリの連続です。

1　収益認識会計基準の適用

T所長　みなさん，おはようございます。定例事務所ミーティングを実施します。確定申告はコロナ禍のため，一部提出延長の方もありましたが，無事に完了しました。お疲れ様でした。すぐに3月決算法人の決算が開始されますので，その準備にとりかかってください。

　　　さて，S君，あなたの担当しているX社，新たに担当となったY社及びX社の決算対応について，説明をお願いします。

S税理士　おはようございます。聞こえていますしょうか。X社，Y社，Z社のいずれも特に前年と変わったことはないと，経理担当から伺っており，昨年同様の対応で問題ないと考えています。

T所長　本年は収益認識会計基準の導入年度ですが，その影響も踏まえた対応がとられていますか。

S税理士　はい，3社の顧客は中小企業ですので，収益認識会計基

準の適用対象ではありません。収益計上の方針に関しても前年方針を継続適用することで大丈夫と思っています。

T所長 収益認識会計基準が公表された平成30年に，法人税も改正になっているのは知っていますよね。

S税理士 はい，たしか改正といっても従来からの税務上の取扱いを明確化したものと理解しています。すなわち，資産の販売等の収益の額については，別段の定めがあるものを除き，第三者間で通常付される価額，いわゆる時価で行うというもの。収益認識会計基準については，在宅勤務だったので，研修動画で学習しました。収益は資産の増加，負債の減少，又は両者の組合せから生じるものとしての資産・負債アプローチの採用，これまでの実現主義の概念から，契約上の権利・義務とする法律概念に基づき支配が移転するというもののようです。さらに収益計上のための5つのステップ（①契約の識別，②契約上の履行義務の識別，③取引価格の算定，④取引価格の配分，⑤履行義務の充足による収益認識）を踏んで，詳細な検討をするという，結構大仕事のようです。

2 返品調整引当金の廃止

T所長 S君，よく勉強していますね。では，返品調整引当金制度が廃止となったのは，知っていますよね。

S税理士 当然ですよ，すでに廃止されています。あれ，"ヒヤリ"！ Y社の試算表に残っている。わあ，Z社もだ。前年も同じです。どうしましょう。すぐに修正いただこうと思います。

T所長 おいおい，そう慌てなさんな。たしかに返品調整引当金は平成30年改正で廃止されています。法人税法は値引き等変動対価について，一定の条件の下に見積り処理を認めていますが，買戻し（返品）の可能性は認めておらず，実際の返品事実をもって，処理することになりますね。経過措置として，令和3年3月31日までに開始する各事業年度については現行どおりの返品調整引当

金の計上を認め，令和3年4月1日から令和12年3月31日までに開始する各事業年度については1年ごとに10分の1ずつ縮小した額の引当金損金算入限度額の引当てを認めています。

S税理士 ふー，よかった。そうなのですね。

❸ 延払基準の廃止

T所長 延払基準の廃止も当然知っているよね。

S税理士 も，もちろんです。

T所長 でも，Z社は本年度も延払基準を継続しているはずですよ。

S税理士 "ヒヤリヒヤリ"！ えーと，Z社の社長は怖いもの知らずとお聞きしています。

T所長 こらっ 違うでしょう。

S税理士 未確認でございます。

T税理士 長期割賦販売等の延払基準も収益認識会計基準の考え方と整合しないので，廃止となりましたが，こちらも経過措置があります。具体的には平成30年4月1日前に長期割賦販売等に該当する資産の販売等を行った法人は，令和5（平成35）年3月31日までに開始する各事業年度について，現行の延払基準により収益の額及び費用の額を計算することができるとともに，平成30年4月1日以後に終了する事業年度において，延払基準の適用をやめた場合の繰延割賦利益額を10年均等で収益計上することが認められています。平成30年4月1日以降どの事業年度で延払基準をやめるかは，任意となります。

❹ 上場会社グループ傘下

T所長 S君，X社ですが，本年1月に上場A社に買収され，子会社となったことがA社のIR情報に掲載されていたけれど，知っていますか。

S税理士 はい，存じています。X社はいまは業績が安定していま

すが，人材が不足しており，後継者も育たないとの社長の判断で，同業であるＡ社グループに取り込まれ，今年から連結決算に取り込まれるようです。でも，社長は継続就任，資本金も依然として１億円未満であり，中小会社です。

Ｔ所長 何だって，今年から連結決算に取り込まれるの。ならば，収益認識会計基準を適用する可能性が高い。そもそもＸ社は商社です。本人取引か代理人取引かの判定をし，売上を総額とするか純額とするかを判定しないとなりません。たしか大手有名商社が収益認識会計基準の適用により，過去の表示と比較し，売上が50％も減少した例もあります。早急にＸ社を通じて，Ａ社の経理部に確認をとり，必要な対応をとりなさい。

Ｓ税理士："ヒヤーッ"！　は，はい，かしこまりました。

ヒヤリ防止の処方箋！

●過去の法人税法の改正により廃止となった制度では，経過措置に伴う処理が認められているケースもある。よく確認すること。
●組織再編により，急遽中小企業が大企業グループ傘下に入ることもある。交渉は水面下で行われることも多く，公表された後で過去の処理見直しを余儀なくされる場合もある。顧客企業の組織事情の動向に注目し，担当者と迅速な対応がとれるよう準備すること。

（辻村　茂樹）

相続人の非居住者は日本国籍？
～小規模宅地等の特例適用でヒヤリ！

▨はじめに

近年，相続税申告の際に非居住者が関係する事案が増えています。

相続人である子が海外赴任や結婚などで非居住者となっている場合，その非居住者の課税範囲の確認から始まり，被相続人の国内にある自宅や事業・貸付用の土地について小規模宅地の適用は受けられるか否かによって納付する相続税も大幅に変わります。

今回は特定居住用宅地等に該当するか否かの判定でのヒヤリです。

■ 相続人に非居住者がいた！

会計事務所職員A君は現在相続税申告書作成で奮闘中。さて，順調に進んでいるでしょうか。所長の税理士がA君の進捗状況を確認しようと声をかけています。

税理士 A君，相続税申告書作成は順調に進んでいるかな。

職員A はい，今回相続人の一人は非居住者なので，調べながら進めています。今回の被相続人はお母さんです。ご主人は10年前に亡くなっていますので，相続人はその子である兄と弟になりますので，2名です。兄が居住者，弟が非居住者です。

税理士 最近，非居住者の関係する相続が多くなってきているね。

職員A はい，次にお母さんが所有している自宅について小規模宅地等の特例の適用が受けられるかを確認しました。兄が相続する場合，兄は賃貸マンションに住んでいまして，いわゆる「家なき子」に該当しますので，特定居住用宅地等の特例の対象となります。

弟は海外生活が長く，すでに20年以上前か
ら海外に住んでいますが，持ち家はないので，
この方も適用対象になります。

税理士　ちょっと待って，非居住者の弟は海外
生活が長いそうだけれど，弟の国籍は確認し
たの？　海外生活が長い方の中にはすでに日
本国籍を喪失している場合もあるよね。

職員A　え，戸籍は取れていますから，国籍も
日本ではないのですか…。

税理士　戸籍だけの確認では不十分かな。例えば外国籍を取得して
も日本国籍を放棄していなければ，区市町村で戸籍謄本は取れる
からね。家なき子の特例は日本国籍を有することが要件となって
いるから，この確認は大切だよ。戸籍の確認は，例えばパスポー
トなら簡単に判定できるかな。

職員A　パスポートをすぐに確認します！

●**解　説**

「家なき子」は非居住者の場合，日本国籍がある場合に限定され
ています。また，相続人が非居住者の場合の相続では税法だけの確
認では不十分なこともあります。過去には外国籍を取得して制限納
税義務者だった相続人について日本国籍があると誤認して，相続人
に過少申告加算税が課されたことで税理士が損害賠償を請求された
事例もあります。この事例は戸籍法の確認を怠ったことが善管注意
義務違反とされたものです。

「家なき子」は平成30年度改正で適用要件が厳格になりました。
平成30年度の改正前は「相続開始前3年以内に日本国内にある自己
又は自己の配偶者の所有する家屋に居住したことがないこと」だけ
でしたが，それに加えて「その取得者の3親等内の親族又はその取
得者と特別の関係にある法人が所有する家屋に居住したことがない
こと」の要件が追加されました。

区分	特例の適用要件	
	取得者	取得者等ごとの要件
①被相続人の居住の用 ^(注1) に供されていた宅地等 ^(注2)	1 被相続人の配偶者	「取得者ごとの要件」はありません。
	2 被相続人の居住の用に供されていた一棟の建物に居住していた親族 ^(注3)	相続開始の直前から相続税の申告期限まで引き続きその建物に居住し、かつ、その宅地等を相続開始時から相続税の申告期限まで有していること。
	3 上記1および2以外の親族	次の(1)から(6)の要件をすべて満たすこと（一定の経過措置がありますので、詳しくは下記の（注）4を参照してください。）。 (1) 居住制限納税義務者または非居住制限納税義務者 ^(注5) のうち日本国籍を有しない者ではないこと。 (2) 被相続人に配偶者がいないこと。 (3) 相続開始の直前において被相続人の居住の用に供されていた家屋に居住していた被相続人の相続人（相続の放棄があった場合には、その放棄がなかったものとした場合の相続人）がいないこと。 (4) 相続開始前3年以内に日本国内にある取得者、取得者の配偶者、取得者の三親等内の親族または取得者と特別の関係がある一定の法人 ^(注6) が所有する家屋（相続開始の直前において被相続人の居住の用に供されていた家屋を除きます。）に居住したことがないこと。 (5) 相続開始時に、取得者が居住している家屋を相続開始前のいずれの時においても所有していたことがないこと。 (6) その宅地等を相続開始時から相続税の申告期限まで有していること。
② 被相続人と生計を一にしていた被相続人の親族の居住の用に供されていた宅地等	1 被相続人の配偶者	「取得者ごとの要件」はありません。
	2 被相続人と生計を一にしていた親族	相続開始前から相続税の申告期限まで引き続きその家屋に居住し、かつ、その宅地等を相続税の申告期限まで有していること。

（国税庁 HP より抜粋）

ヒヤリ防止の処方箋！

①　相続人が非居住者の場合，日本国籍を有しているかの確認が必要。

　非居住者が小規模宅地等の特例を受けられる場合は，制限納税義務者であっても日本国籍を有していることが要件である。

②　国籍の確認は戸籍だけでは不十分。パスポートなどで必ず確認する。

（坂本　恵子）

過納付の源泉徴収税
どうしましょうか？

▨はじめに

　源泉徴収の事務は毎月の作業であり，大きな変化もなく，なんとなく作業していました。顧問先のほとんどは納期の特例の承認を受けているので，前年過納付となっていた源泉徴収税もいつもどおり，1～6月分の納付書でマイナスして，調整が終わりだと思っていたら……。

▨ 雇っていた人が辞めてしまった！

　6月のある日，顧問先の個人事業主Kさんからお電話をいただきました。Kさんは不動産賃貸業を営むご年配の方です。月次顧問契約ではなく，年一決算のスポット契約のお客様です。不動産の清掃管理のため一人を雇っており，奥様を青色専従者として税務署へ届けています。源泉徴収については納期の特例の承認を受けています。

Kさん　先生，大変です。雇っていた人が辞めてしまいました。それから，妻の給料を減らしてほしいのです。これからどうしたらいいでしょう。

税理士　7月には源泉徴収の申告納付がありますね。詳しくお話を伺いますので，事務所へいらしてください。

　お話を伺うと，清掃に来てもらっていた方は健康上の理由から，年初にお辞めになったそうです。そして，奥様が75歳のお誕生日を

迎え後期高齢者となり，保
険料について市の担当課で
話を聞いたら，「年収によ
って支払保険料が変動す
る」と言われたそうです。

Kさん　まずは，妻の給料
　　を減らして，保険料負担
　　が多くならないようにし
　　てほしいのです。

税理士　分かりました。Kさんのお住まいの市の情報を確認します
　　ね。ところで，これから追加で清掃員さんを雇われる予定はあり
　　ますか。

Kさん　いえ，もう雇うことはしないで，私と妻で対応します。

税理士　では，昨年分の年末調整で調整しきれなかった分をこれか
　　らのお給料では調整できそうもありませんね。

Kさん　それは困ります。どうにかしてください。

2　収入によって負担額が変わるもの

　収入によって負担額が変わってくるのは所得税や住民税だけでは
ありません。今回のKさんがご心配されたように，収入の多寡に
よって，後期高齢者保険料や介護保険料の負担額が変わってきます。
顧問税理士としては税務以外の知識もある程度必要だと痛感しまし
た。今回調べてみたところ，青色専従者である奥様の給与の額の変
更は必要ありませんでした。ちなみに市の制度を調べることでコロ
ナ禍における助成金制度があることが分かりましたが，その制度は
世帯全体を対象とした適用条件のため，奥様の給与を減額したとし
ても今回対象とはなりませんでした。

3 過納付額の還付

　ご存知のとおり，給与の支払者は，源泉徴収をした所得税及び復興特別所得税の合計額が年調年税額よりも多い場合には，その差額の税額を役員又は使用人の各人ごとに還付します。

　年末調整を行った月分の徴収税額だけでは還付しきれないときは，その後に納付する「給与，退職所得および弁護士，司法書士，税理士等に支払われた報酬・料金に対する源泉徴収税額」から差し引き順次還付しますが，次の場合には，「源泉所得税及び復興特別所得税の年末調整過納額還付請求書兼残存過納額明細書」を作成し，必要書類を添付して給与の支払者の所轄税務署長に提出し，税務署から還付を受けます。

イ　解散，廃業などにより給与の支払者でなくなったため，還付することができなくなった場合

ロ　徴収して納付する税額がなくなったため，過納額の還付ができなくなった場合

ハ　納付する源泉徴収税額に比べて過納額が多額であるため，還付することとなった日の翌月から2か月を経過しても還付しきれないと見込まれる場合

　今回の事例では，ハに該当するため，税務署に対し還付請求をしました。

ヒヤリ防止の処方箋！

- 納税者の話をよく聞いて，状況を把握する。
- さまざまな制度についてアンテナを張り，情報を収集してアドバイスできるようにする。
- 源泉所得税が過納付となった場合，「過納額還付請求書」を税務署へ提出し還付を受ける。

（青山　優子）

支払ったから仕入税額控除できますよね？

▨はじめに

　消費税の申告では，課税売上げに係る消費税額から課税仕入れ等に係る消費税額を控除できます（仕入税額控除）。消費税の申告書は，会計ソフトに取引を入力する際に，その都度課税売上げ又は課税仕入れに該当するのか，対象外取引なのか，あるいは免税売上なのか，などを判断しながら正しく入力しておくと，あら不思議，期末にはボタン一つで申告書ができあがる，という便利な仕様となっています。このため，つい会計ソフト頼みになりがちですが，今回はいつもの流れで申告書を作ってしまうと思わぬミスにつながった，そんなヒヤリについてのお話です。

◧ 今年は支払が多かったので還付申告になる？

担当者　先生こんにちは。今期の消費税申告書も無事作成できたので，念のため先生のご確認をお願いします。今年は課税仕入れが多かったので還付申告となり，嬉しいです。早めに申告して還付を受けたいと思っていますので，よろしくお願いします。

税理士　早速の作成，お疲れさまでした。では内容を拝見させていただきますね。なるほど，今年はこの建設仮勘定にかかる支払が多かったのですよね。ただ，今期に引渡しが終わっていない工事なので，タイミングとしては引渡しとなる来期が還付申告となるイメージでいたのですが，その点については確認されましたか？

担当者　え？　どういうことですか？　この倉庫については，確かに全体の工事が終わるのは来期なので，おっしゃるとおり建設仮

勘定に入っています。ただし，今期中に80％を支払う契約で請求書にも消費税10％が含まれていたので，いつもどおり他の支払請求書と同じ方法で入力しました。ですから，この80％分は全額仕入控除税額に含まれています。

税理士　建設仮勘定に計上されている金額は，原則として物の引渡しや役務の提供があった日の課税期間において課税仕入れに対する税額の控除を行うことになります。つまり倉庫の設計料に係る役務の提供や資材の購入等の課税仕入れについては，その課税仕入れを行った日の属する課税期間において仕入税額控除を行いますが，倉庫自体の工事費は倉庫が完成，引渡しがされる来期で仕入税額控除を行う必要があるのです。

担当者　汗（社長にお金が返ってくるって言ってしまった……）

② 建設仮勘定の仕入税額控除のタイミングに注意

　会社は今年倉庫の発注をしたようですね。すでに80％の工事費用を支払っているので経理担当者はその金額に対する消費税額を仕入税額控除した申告書を作成したようです。しかし，建設仮勘定は，

仕入税額控除のタイミングに注意が必要なのです。改めて仕入税額控除の関連条文を見てみましょう。

消費税法第30条（抜粋）

　事業者が，国内において行う課税仕入れ若しくは特定課税仕入れ又は保税地域から引き取る課税貨物については，次の各号に掲げる場合の区分に応じ当該各号に定める日の属する課税期間の第45条第１項第２号に掲げる課税標準額に対する消費税額から，当該課税期間中に国内において行った課税仕入れに係る消費税額，当該課税期間中に国内において行った特定課税仕入れに係る消費税額及び当該課税期間における保税地域からの引取りに係る課税貨物につき課された又は課されるべき消費税額の合計額を控除する。

　　一　国内において課税仕入れを行った場合　<u>当該課税仕入れを行った日</u>

消費税法基本通達11－３－１ （抜粋）

　法第30条第１項第１号《仕入れに係る消費税額の控除》に規定する「課税仕入れを行った日」とは，課税仕入れに該当することとされる資産の譲受け若しくは借受けをした日又は役務の提供を受けた日をいうのであるが，これらの日がいつであるかについては，<u>別に定めるものを除き，第９章《資産の譲渡等の時期》の取扱いに準ずる。</u>

消費税法基本通達９－１－６ （抜粋）

　請負契約の内容が建設，造船その他これらに類する工事（以下「建設工事等」という。）を行うことを目的とするものであるときは，その引渡しの日がいつであるかについては，例えば，作業を結了した日，相手方の受入場所へ搬入した日，相手方が

検収を完了した日，相手方において使用収益ができることとなった日等，当該建設工事等の種類及び性質，契約の内容等に応じてその引渡しの日として合理的であると認められる日のうち，事業者が継続して資産の譲渡等を行ったこととしている日によるものとする。

3 今期中に作業が終わっていれば……

担当者 そうすると今期中に終わっている設計報酬などの役務提供部分，そして3つに分かれている倉庫なのでもし作業が完了している倉庫があれば，その倉庫代金については今期に仕入税額控除ができるかもしれませんね。全額ではないにしろ，ある程度は対象になりそうで良かったです。すぐに工事の状況を調べてみます！

　過大な仕入税額控除を申告する前に気付いてよかったですね。このように資産が譲渡されるタイミングと支払のタイミングが大きくずれるときには，機械的に処理しないよう取扱いを確認するようにしたいですね。

ヒヤリ防止の処方箋！

　消費税の資産譲渡のタイミングには形態により異なった規定がありますので，特殊な取引についてはその都度確認するようにしましょう。また，法人税の収益を計上する工事進行基準と消費税は必ずしも一致しませんので，取引計上時に慎重な対応が必要です。

（佐藤　直子）

海外勤務は1年未満
それとも1年以上？

▨はじめに

　このところコロナ禍で企業の外国との往来の機会が減っていました
が，最近は徐々に復活してきているようです。

　今回の企業はそんな中，はじめて社員の海外派遣を検討している
模様。はじめてということでいろいろと検討事項が多いようですが
……。

　税理士と会社の担当者の会話に耳を傾けてみましょう。

▣ 社員が海外勤務となったら？

担当者　このところコロナも落ち着いてきましたので，社員の海外
　派遣を検討しているんですよ。若手社員の中で希望者を募って，
　国外にある関連会社で一定期間働いてもらう予定です。

　　税金も注意が必要ですよね。

　　えーと，海外での勤務中の給与は「国外源泉所得」になるんで
　すよね

税理士　そうですね。海外での給与は国外源泉所得となります。

　　非居住者は国内源泉所得のみが課税対象となるので，基本的に
　海外での給与については日本では税金はかからず，現地国で課税
　されることになりますね。

担当者　そうすると税金は海外で納めるということですよね。関連
　会社の方で処理してもらうことになりますかね。

税理士　そうですね，現地での税金はその国の担当者に確認するの
　が一番いいですね。

担当者 ありがとうございます。はじめてのことなので，どこから手を付けていいか分からず大変ですよー。

税理士 いろいろと大変ですよね。

ところで，海外での派遣期間はどれくらいになるんですか？

担当者 若手の研修の意味もあるのでそれほど長くはならないと思います。1年程度を想定しています。

税理士 うーん，1年程度ですか。1年以上と1年未満で税金の取扱いが変わるので要注意ですね！

担当者 ……？

はじめて社員を海外に派遣するとなると会社の担当者は大変です。社会保険の手続や労働保険の特別加入，出国前の健康診断など，やるべきことがたくさんありますが，税金は海外勤務の期間がポイントとなります。

今回は勤務期間が1年以上と1年未満の場合を見てみましょう。

2 非居住者と居住者

日本国内の会社に勤めている給与所得者が，1年以上の予定で海外の支店などに転勤し，又は海外の子会社に出向したりする場合があります。

このように国外に居住することとなった人は，国外における在留期間があらかじめ1年未満であることが明らかな場合は所得税法上の居住者となり，1年以上の場合は非居住者となります。

会社からの給与だけでほかの所得がない給与所得者を前提とすると，海外での勤務期間が1年未満である場合には日本の居住者とな

り，海外勤務の給与であっても日本の所得税の課税対象となります。

　1年以上の場合は非居住者となりますので，国外勤務で得た給与は原則として課税されません。

3 途中で海外勤務期間が変わった場合

　では，1年以上の予定で海外勤務のため出国した者が，業務の都合により1年未満で帰国した場合や，逆に1年未満の予定で出国した者が，業務の都合により1年以上勤務することとなった場合はどうなるのでしょうか。

　この場合，事情の変更が生じたときに居住者・非居住者の再判定を行うこととなりますが，遡及して居住者・非居住者の区分が変更されることはありません。

　当初1年以上の海外勤務の予定で出国した者は，出国の時から非居住者として取り扱われますが，その勤務期間が1年未満となることが明らかとなった場合には，その明らかになった日以後は居住者となります。

　逆に当初1年未満の海外勤務の予定で出国した場合には，出国の時においては居住者として取り扱われますが，その後，事情の変更があり，海外勤務が1年以上となることが明らかとなった場合には，その明らかとなった日以後に非居住者となることになります。

ヒヤリ防止の処方箋！

> ∨　海外勤務の居住者・非居住者の区分は当初予定の勤務期間がポイントとなる。
> ∨　海外勤務中の給与は「国外源泉所得」となるが，日本の居住者となる場合は課税対象。非居住者の場合は対象外。
> ∨　業務の都合で途中で勤務期間が変更した場合は遡及して居住者・非居住者の区分が変更されることはない。

（森近　真澄）

[執筆者一覧]

青山優子（青山優子税理士事務所　税理士）

駒沢　寿（税理士法人東京フィナンシャル会計事務所　代表社員税
　　　　　理士）

坂本恵子（坂本恵子税理士事務所　税理士）

佐藤直子（株式会社 AKIA TAX CONSULTANTS　税理士）

下見佐和子（下見佐和子税理士事務所　税理士）

鈴木　新（税理士法人資産税務相談センター　税理士）

空本光弘（公認会計士空本会計事務所　公認会計士・税理士）

高橋勤也（高橋会計事務所　税理士）

辻村茂樹（辻村茂樹公認会計士税理士事務所　公認会計士・税理士）

冨永昭雄（税理士法人コスモ総合会計事務所　代表社員税理士）

中上　純（中上純税理士事務所　税理士）

奈良真美（芝税理士法人　税理士）

宮澤　博（宮澤博税理士事務所　税理士）

森近真澄（森近真澄税理士税務事務所　税理士）

[編者紹介]

ABC 税務研究会

　各税理士事務所等の垣根を越えて，税務をはじめその業際実務全
般を研究し合う，税理士・公認会計士によって構成・運営される研
究会。

こんなところに落とし穴！
税理士業務のヒヤリハット　第3集

令和4年11月30日　第1刷発行

編　者　ABC税務研究会

発　行　株式会社 ぎょうせい

〒136-8575　東京都江東区新木場1-18-11
URL：https：//gyosei.jp

フリーコール　0120-953-431

ぎょうせい　お問い合わせ　検索　https：//gyosei.jp/inquiry/

〈検印省略〉

印刷　ぎょうせいデジタル株式会社　　　　　　　　　　ⓒ2022　Printed in Japan
＊乱丁・落丁本はお取り替えいたします。
ISBN978-4-324-11215-1
（5108834-00-000）
〔略号：税理士ヒヤリ3〕